W0072392

Regenerativ ist das neue nachhaltig

Die Produktion dieses Buches soll nicht nur kein Teil des Problems, sondern Teil der Lösung sein. Daher pflanzt Ecosia für jedes gedruckte Exemplar einen Baum. So ist dieses Buch nicht nur klimaneutral, sondern klimapositiv.

Bibliografische Information der Deutschen Nationalbibliothek: Die Deutsche Nationalbibliothek verzeichnet diese Publikation in der Deutschen Nationalbibliografie; detaillierte bibliografische Daten sind im Internet über www.dnb.de abrufbar.

© 2021 oekom verlag, München
oekom – Gesellschaft für ökologische Kommunikation mbH
Waltherstraße 29, 80337 München

Layout und Satz: Markus Miller
Korrektur: Maike Specht
Umschlaggestaltung: Mirjam Höschl, oekom verlag
Umschlagabbildung:
  © Windrad: engel.ac/Adobe Stock
  © Reichstag: Ricardo Gomez Angel/Unsplash
Druck: oeding print GmbH, Braunschweig

ISBN 978-3-96238-333-6

www.blauer-engel.de/uz195
· ressourcenschonend und
  umweltfreundlich hergestellt
· emissionsarm gedruckt
XQ4 · überwiegend aus Altpapier

Wolfgang Oels

Democracy for Future

Das demokratische Update zur Klimawende

Für Julina, Elise und Iris.
Mit Dank an meine Eltern,
auf deren Schultern ich stehe

Inhalt

Einleitung

Ich bin in einem konservativen Haushalt aufgewachsen. Mein Vater hatte jahrzehntelang sowohl die »Frankfurter Allgemeine Zeitung« als auch »Die Welt« abonniert. Mit anderen Mitschülern machte ich mich in den 1980er-Jahren über die Friedensbewegung und die neue Partei »Die Grünen« lustig. Strom kam schließlich nicht aus der Steckdose. Ich war der Überzeugung, dass unser System gut funktionieren würde. Dass es eine solide Struktur gegenseitiger Kontrolle und ein hohes Maß an Transparenz gäbe, die jeden größeren Unsinn unweigerlich aufdecken und verhindern müssten.

Ich müsste ausnehmend naiv sein, um das heute immer noch zu glauben. In den USA besetzen Öl- und Finanzkonzerne seit Jahrzehnten die wichtigsten Regierungspositionen – eine Studie[1] der Princeton University kommt zu dem Ergebnis, dass in den Vereinigten Staaten die Demokratie in Gefahr gerate, weil der Einfluss der Wohlhabenden und der großen Unternehmen den der Mehrheit der Bürger um ein Vielfaches übersteigt. Die BBC fasst es so zusammen: Die USA sind keine Demokratie mehr, sondern eine Oligarchie.[2]

In Frankreich sind zwei der letzten drei Staatspräsidenten wegen Korruption und Veruntreuung verurteilt worden. In Italien hat die groß angelegte Aktion gegen illegale Finanzierungen und Amtsmissbrauch *Mani pulite* in den 1990er-Jahren ein weitreichendes Korruptionsnetz aufgedeckt und dadurch die Implosion der damals beiden größten Parteien des Landes ausgelöst. Der Vorsitzende der sozialistischen Partei und ehemalige Ministerpräsident Bettino Craxi flüchtete ins Exil und wurde in Abwesenheit zu 28 Jahren Haft verurteilt.

Auch in Deutschland sind wir seit Jahrzehnten Zeuge von Korruption auf allen politischen Ebenen und bis in die höchsten Ämter. Genannt seien nur (siehe Wikipedia) der HS-30-Skandal (Beschaffung eines Schützenpanzers, dabei Schmiergeldzahlungen an Ministerialbeamte, illegale Parteienfinanzierung für die CDU, Mord), die Flick-Affäre (Steuererlass im Gegenzug für hohe Geldzahlungen an führende Personen aller damals im Bundestag vertretenen Parteien inklusive Helmut Kohl), die Amigo-Affäre (Rüstungsauftrag und Fördergelder nach Parteispenden und Privatreisen u.a. für den damaligen bayerischen Ministerpräsidenten Max Streibl), der Mega-Petrol-Skandal (Bayerische Landesbank vergibt Millionenkredite an und deckt illegales Schneeballsystem einer Firma, die wiederum Max Streibl als Werbeträger bezahlt), die Briefbogen-Affäre (der ehemalige Bundeswirtschaftsminister Jürgen Möllemann wirbt persönlich mit dem Briefkopf des Ministeriums für Produkte eines angeheirateten Vetters), die Traumschiff-Affäre (Finanzierung von Luxusreisen für den damaligen baden-württembergischen Ministerpräsidenten Lothar Späth durch eine Firma, die später ohne Ausschreibung einen Großauftrag erhält), die Düsseldorfer Flug-Affäre (WestLB bezahlt über mindestens zwei Jahrzehnte Flugkosten von führenden CDU- und SPD-Politikern sowie die Kosten für Prostituierte), die Leuna-Affäre (im Rahmen des Verkaufs der Leuna-Raffinerie an den französischen Konzern Elf Aquitaine sollen 100 Millionen DM an Schmiergeldern geflossen sein), der Berliner Bankenskandal (landeseigene Banken richten Milliardenschaden an durch Immobilienfonds mit Sonderkonditionen für Bankmanager und Mitglieder von CDU und SPD), die Saudi-Panzer-Affäre (Zahlungen von 25 Millionen DM bei Rüstungsgeschäft, mutmaßlich auch an den damaligen CDU-Schatzmeister Walther Leisler Kiep), die Kremendahl-Affäre (Wahlkampfspende in Höhe von 500.000 DM an den damaligen Wuppertaler SPD-Oberbürgermeister durch einen lokalen Bauunternehmer), die E.ON-Affäre (der E.ON-Konzern bestach über Jahre hinweg mehr als 170 Kommunalpolitiker*innen mit luxuriösen Privatreisen), die RWE-Affäre (RWE alimentierte über Jahrzehnte und in großem Stil haupt- und nebenamtliche Mandatsträger*innen wie Mitarbeiter*innen mit Geldzahlungen und anderen Vergünstigungen. 2004 allein etwa 200, darunter Hermann-Josef Arentz, damals Mitglied des Bundespräsidiums der CDU, und der damalige CDU-Generalsekretär Laurenz Meyer), Aserbaidschan-Affäre und Kaviardiplomatie (das von einem autoritären Regime geführte Aserbaidschan, einer der wichtigsten Öllieferanten Deutschlands, besticht mit über 30 Millionen Euro Dutzende von EU- und Bundestagsabgeordneten, mutmaßlich darunter der damalige Vorsitzende der EVP sowie der ehemalige energiepolitische Sprecher der CDU/CSU-Bundestagsfraktion Joachim Pfeiffer), die Masken-Affären (in tiefster Krise bereichern sich zahlreiche Abgeordnete persönlich bei der Vermittlung von Schutzmaskengeschäften, darunter Georg Nüsslein, bis vor seinem Rücktritt stellvertretender Vorsitzender der CDU/CSU-Bundestagsfraktion und Mitglied im Energie- und im Umweltausschuss), Laschet-Affäre (der CDU/CSU-Kanzlerkandidat Armin Laschet vergibt als Ministerpräsident von Nordrhein-Westfalen Schutzmaskenaufträge ohne Ausschreibung an die Firma, in der sein Sohn arbeitet), Spahn-Affäre (Bundesgesundheitsminister Spahn erhält Millionenkredit mit fragwürdigen Konditionen von jener Sparkasse, in der er selbst im Verwaltungsrat saß).

Und all das ist nur ein Ausschnitt und betrifft bekannt gewordene Fälle. Es fehlen hier zum Beispiel viele Affären um den ehemaligen bayerischen Ministerpräsidenten Franz Josef Strauß, den ehemaligen FDP-Vorsitzenden Jürgen Möllemann oder den von Ex-Kanzler Helmut Kohl gedeckten Spendensumpf der CDU. Kohl wurde nicht einmal angeklagt. Zusammengefasst lässt sich sagen, dass Politiker*innen in Deutschland seit Jahrzehnten bestochen werden, und zwar bis in die höchsten Ämter: Wirtschaftsminister, Finanzminister, Staatssekretär*innen, Fraktionsvorsitzende und Schatzmeister wurden rechtskräftig verurteilt oder nahmen sich das Leben. Besonders empfänglich und gesucht scheinen Politiker*innen mit Zugang zu Entscheidungen bei der Vergabe von Rüstungsaufträgen und zur Energiepolitik zu sein.

Zahlreiche andere Politiker*innen haben sich offen für die Interessen der fossilen Konzerne eingesetzt und dann später ebenso offen von diesen lukrative Posten bekommen. Dass dabei bis jetzt kein direkter Zusammenhang nachgewiesen werden konnte, macht es nicht besser. Dazu gehören: der ehemalige sächsische Ministerpräsident und Vorsitzende der Kohlekommission Stanislav Tillich mit dem Aufsichtsratsvorsitz der MIBRAG, die Ex-Bundeswirtschaftsminister Müller, Clement und Gabriel durch Posten bei Ruhrkohle, RWE und Deutsche Bank, Altkanzler Schröder von Gazprom. Der ehemalige Bundesverkehrsminister Matthias Wissmann wechselte direkt aus dem Bundestag an die Spitze des Lobbyverbandes der Autoindustrie. Von den zahllosen Nebeneinkünften, die Abgeordnete in Diensten der Privatwirtschaft erhalten, einmal ganz zu schweigen.

Das alles ist nicht neu. Wir wissen das – und wir verdrängen es. Es interessiert uns nicht, denn die anderen interessiert es anscheinend auch nicht. Wir sind irgendwie ja auch nur indirekt betroffen. Bisher ging es lediglich um Geld. Ein paar Millionen, ein paar Milliarden. Die Schäden der Korruptionsaffären werden schließlich nicht durch einmalige Sondersteuern fühlbar gemacht. Ärgern können wir uns über all das schon, aber an die Substanz gegangen ist es uns bisher nicht.

Doch mit der Corona-Pandemie und der sich rasant zuspitzenden Klimakrise ist das plötzlich anders. In der Pandemie weigert sich die Politik, Impfstoffe zur allgemeinen Produktion freizugeben. Damit stellt sie die Profitinteressen von Pharmakonzernen höher als Leben und Gesundheit von Millionen von Menschen und höher als die wirtschaftlichen Nöte der Bevölkerung, nicht zuletzt der Gaststätten, Hotels, Selbstständigen und von über zwei Millionen Kurzarbeitenden allein in Deutschland. Dabei besteht die gesetzliche Grundlage für eine Patentfreigabe schon lange, und das aus gutem Grund. Die Bundesregierung hat diese nicht bloß nicht genutzt, sie hat eine Freigabe auf Ebene der WTO sogar aktiv blockiert. Die Regierung scheint Angst vor einer öffentlichen Diskussion über die Höhe einer angemessenen Entschädigung für diesen Fall zu haben. Denn die Patentfreigabe würde natürlich nicht ohne Entschädigung stattfinden. Aber welcher Betrag wäre dafür angemessen? Insbesondere wenn man bedenkt, dass die Forschung und Entwicklung dieser Medikamente in der Regel auf Staatskosten stattfindet. Dabei wäre aufgrund der gigantischen Schäden eigentlich fast jeder Betrag zu rechtfertigen. Nur müsste dann eben Farbe bekannt und Transparenz hergestellt werden. Stattdessen starben allein in Deutschland Zigtausende unnötig, weil nicht schnell genug genügend Impfstoff hergestellt werden konnte.

Bei der Klimakrise stellt sich die Lage noch ungleich dramatischer dar. Hunderten Millionen Menschen droht der Verlust ihrer Sicherheit, mit der Zerstörung der natürlichen Lebensgrundlagen geht der Zerfall unserer politischen Strukturen einher. Unzählige Generationen nach uns werden von unserem Handeln betroffen sein. Unser Demokratiedefizit ist nicht mehr bloß störend. Es ist lebensgefährlich.

Nun sind wir Bürger*innen der Souverän, nicht etwa König*innen, Aristokrat*innen, Oligarch*innen oder Milliardär*innen. Wir haben ein Staatswesen übernommen, das effektiv die Belange unseres Gemeinwesens organisieren soll. Doch wir müssen erkennen, dass diese Organisation heute in ganz wesentlichen Punkten versagt. Also müssen wir nachjustieren. Und zwar schnell. Sonst drohen wir die Grundlagen für Leben, Freiheit, Demokratie und Mitmenschlichkeit zu verlieren. Denn wir sehen deutlich, dass Krisen immer wieder den Nährboden für antidemokratische Strömungen und populistische Demagogen bereiten.

Mehr noch: Die Krisen, auf die wir zusteuern, haben ein solches Ausmaß, dass sie zu Völkerwanderungen, fortwährenden Kriegen und dem Zusammenbruch vieler Staaten führen werden. Schon heute gibt es rund 20 Millionen Klimaflüchtlinge auf der Welt. Im Sudan und in Ruanda haben die ersten Klimakriege bereits stattgefunden.[3] Hier haben wir unsere Betroffenheit noch mit der Fernbedienung des Fernsehers steuern können. Beim syrischen Bürger- und Stellvertreterkrieg war das schon anders. Die Flüchtlingswelle hat Deutschland in eine Staatskrise gestürzt, das Land tief gespalten, die AfD als Partei deutschlandweit etabliert und selbst die EU auf Jahre gelähmt. Ob die klimabedingten Dürren in Syrien nur beschleunigend oder auslösend, ob sie notwendig oder hinreichend für den Bürgerkrieg waren, ist dabei nur von nachgeordneter Bedeutung. Mit der Wahrscheinlichkeit solcher Krisen erhöht der Zusammenbruch des Weltklimas auch unweigerlich deren Frequenz. Es wäre weltfremd zu glauben, dass Deutschland unberührt bleiben wird von dem Chaos zerfallender Lebensräume und zerbrochener Staaten.

Doch zum Glück sind nicht nur die technologischen Voraussetzungen für die notwendige Wende schon vorhanden: erneuerbare und dezentral erzeugte Energien, Elektromobilität oder regenerative Landwirtschaft. Auch die notwendigen Erweiterungen unseres demokratischen Gemeinwesens sind seit Jahrtausenden bekannt und bis heute immer wieder erfolgreich umgesetzt worden. Zwar mangelt es noch an ihrer systematischen Diskussion in der Politik und in den Leitmedien. Aber ähnlich wie bei einem Eisberg sieht es unter der Wasserlinie schon ganz anders aus. Ich stelle immer wieder verblüfft fest, wie derselbe Zweifel quer über die unterschiedlichsten Milieus herrscht. Von McKinsey Alumni bis Extinction Rebellion sehen Menschen das politische System mit der mutigen Gestaltung von Wandel überfordert. Unser demokratisches System muss weiterentwickelt werden. Und zwar dringend.

Unser demokratisches Betriebssystem steht unverkennbar noch immer in der Tradition dessen, was im 19. Jahrhundert Landesfürsten und schließlich dem Kaiser abgerungen wurde. Es stammt aus der Zeit der Junker. Es ist gewissermaßen noch der erste Versuch, demokratische Prinzipien in Deutschland zu verankern. Die einzigen wirklichen demokratischen Innovationen seitdem waren die Einführung des Frauenwahlrechts nach dem Ersten Weltkrieg und die Abdankung des Kaisers. Seitdem haben sich Technologien und Wirtschaft in einem Maße entwickelt, dass Menschen von damals die Welt nicht wiedererkennen würden. Elektrischer Strom, Eisenbahn, Automobil, Kühlschränke, Fernsehen, Telefon, Internet. Nun brauchen wir dringend auch ein Update unseres demokratischen Betriebssystems. Wir brauchen sozusagen die Demokratie 3.0. Denn nur wenn wir unser Gemeinwesen endlich zukunftsfähig machen, können wir die Klimawende schaffen und unsere Lebensgrundlagen erhalten.

Aber wie kommen wir dahin – und das schnell genug? Meine Hoffnung ruht auf den demokratischen Revolutionen in Polen und in der DDR. Auch dort hat es lange gedauert, bis verkrustete Systeme aufgebrochen wurden. Aber als der Druck zu groß wurde, ging es plötzlich ganz schnell. Und es blieb friedlich. Schnell und friedlich – das wünsche ich mir auch für die Umsetzung des nächsten demokratischen Updates.

Die Klimawende

Energie

Die Stromerzeugung ist bei der Klimawende die häufig auf Englisch zitierte »low hanging fruit«: Kein anderer Sektor zerstört durch Treibhausgase unser Klima und mit Schwermetallen unsere Gesundheit mehr als die Stromerzeugung. Und kein anderer Sektor ließe sich leichter transformieren als dieser.

Um uns komplett mit erneuerbarem Strom versorgen zu können, und zwar auch nach einer Umstellung von Transport und Wärmeerzeugung auf Elektrizität, brauchen wir noch circa 1.000 Gigawatt (GWp) zusätzliche Energieerzeugungsleistung in Form von Windturbinen und Solaranlagen. Für diese 1.000 GWp sind Investitionen in einer Größenordnung von 800 Milliarden Euro notwendig. Zum Vergleich: Das ist weniger, als die Bundesbank schon heute zur Stützung des dysfunktionalen Währungssystems in Form von zinslosen und unbefristeten Darlehen an andere EU-Länder verleiht (»TARGET2«). Es handelt sich also um einen durchaus realisierbaren Betrag. Schreiben wir die so finanzierten Anlagen konservativ über nur 25 Jahre ab, dann ergeben sich jährliche Kosten von 30 Milliarden Euro. Im Gegenzug sparen wir uns dann die mehr als 60 Milliarden pro Jahr,[4] die wir heute für den Kauf von fossilen Brennstoffen ausgeben. Wir würden also nicht nur vom ersten Tag an enorme Mengen Geld sparen, sondern gleichzeitig aufhören, mit gigantischen Summen autokratische Regierungen zu stützen. Den einen oder anderen Krieg um Öl könnten wir uns in Zukunft sparen.

Auch flächenmäßig ist das kein Problem. Wir benötigen in Deutschland dafür nicht einmal drei Prozent der Fläche[5] – die industrielle Tierhaltung nimmt das Zehnfache in Anspruch. Bei der Windkraft dürfte es schon reichen, die bestehenden Turbinen gegen solche mit neuester Technologie zu ersetzen – abgesehen von der Tatsache, das sie aktuell in den falschen Bundesländern aufgebaut sind. Die Solarflächen können auf Dächern entstehen, aber ebenso in Solarparks, in denen Insektenwiesen zwischen den Modulen durch Monokulturen verloren gegangene Biodiversität zurückbringen.

Warum also schwenken wir nicht längst um? Nun, irgendwie tun wir das ja. RWE zum Beispiel ist in den letzten Jahren zu einem der größten Investoren in erneuerbare Energien weltweit geworden. Auch die mehrheitlich im Besitz des grün geführten Landes Baden-Württemberg befindliche EnBW investiert massiv in Wind und Solar. Nur eben kaum in Deutschland. Hier wollen die Energiekonzerne noch möglichst lange von ihren längst abgeschriebenen Kohlemeilern profitieren. Auch Länder wie das autoritär regierte Aserbaidschan haben kein Interesse daran. Allen ist gemein, dass sie Politiker*innen viel Geld dafür zukommen lassen, damit alles so bleibt, wie es ist. Dass in Europa fast jeder Fünfte (!) und damit Millionen Menschen frühzeitig an den Folgen der Luftverschmutzung sterben,[6] nehmen sie billigend in Kauf.

Wir müssen deshalb endlich Gesetze verabschieden, die den Energieversorgern klare Rahmenbedingungen setzen.

Notwendige gesetzgeberische Weichenstellungen:

Rückabwicklung der gesetzgeberischen Sabotage erneuerbarer Energien der letzten acht Jahre, das heißt:
- Stopp der Ausschreibungspflicht für Solar und Wind, die Kosten treibt, Konzerne bevorzugt und den Ausbau nicht nur verlangsamt, sondern de facto deckelt;

- Rückabwicklung von Windkraftverhinderungsgesetzen mit ihren Abstandsregeln, die den Ausbau der Windkraft in manchen Bundesländern faktisch zum Erliegen gebracht haben;
- Stopp der Smartmeterpflicht für Kleinanlagen, die grundlos Kosten treibt;
- Beendigung des Konzernkommunismus, der Konzernen auf Kosten der Allgemeinheit Güter unentgeltlich oder subventioniert zur Verfügung stellt:
  - Schluss mit EEG-Ausnahmen für Großverbraucher wie Aluminiumhütten, die ihnen in Deutschland die mit geringsten Strompreise in der EU verschaffen. Und das auf Kosten der Privathaushalte, also der Bürger*innen, die dadurch mit die höchsten Strompreise in der EU zahlen müssen. Ein gigantisches Umverteilungsprogramm;
  - Abschaffung der »Sonnensteuer« auf den eigenen Verbrauch selbst erzeugter Energie. Was für die Schaufelradbagger der RWE gilt, muss auch für Hausdächer gelten, egal, ob auf Gewerbe, Eigenheim oder Mietanlage;
  - Beendigung der Netzentgeltbefreiung von Großverbrauchern (7.000-h-Regelung), die die Anpassung an Braunkohleverbrennungswerke belohnt statt Flexibilität und nachhaltigen Strommix; .
  - Abschaffung des Einheitspreises für Strom und Schaffung mindestens zweier Preiszonen im Norden und Süden. So wird das »Freeriding« von Bayern und Baden-Württemberg beendet, die sich dem Ausbau der Windenergie verweigern und ihn stattdessen lieber in andere Bundesländer verlagern möchten. Die Investitionen und Kosten für den Stromtransport nach Süddeutschland sollen von der Allgemeinheit getragen werden. In einer echten Marktwirtschaft gäbe es weder Freeriding noch ein Preisgleichheitsdiktat. Der billige

Strom in Brandenburg würde zur Abwanderung stromintensiver Betriebe aus Baden-Württemberg führen. Das wäre ein besseres Strukturprogramm für Brandenburg als alle bisherigen staatlichen Förderungsmaßnahmen. Und die Menschen in Baden-Württemberg würden verstärkt anfangen, Winfried Kretschmann zu fragen, warum die EnBW nach zehn Jahren grüner Regierung immer noch auf der Global Coal Exit List steht;[7]

- zügiges Nachholen der längst überfälligen Umsetzung europäischer Luftreinhaltungsregeln in deutsches Recht sowie Absenkung der Quecksilbergrenzwerte;
- Versicherungspflicht für Atomkraftwerke und Aufhebung der Haftungsbegrenzung.

- Austritt aus dem Energiechartavertrag, einem neoliberalen Konstrukt, das ähnlich dem Freihandelsabkommen TTIP unser Rechtssystem aushöhlt. Dabei wird etwa das Prinzip des »Schadensersatzes« für einen tatsächlich entstandenen Schaden so pervertiert, dass auch für entgangene Gewinne Entschädigungsforderungen erhoben werden können. Diese sind natürlich völlig hypothetisch. Vor allem aber wird hier durch die Hintertür das Recht auf Gewinn eingeführt, und das auch noch unabhängig von den Kosten, die dafür auf die Allgemeinheit abgewälzt werden.

Bei diesen genannten Punkten handelt es sich nur um die Beseitigung bestehender Hürden für die Energiewende. Darüber hinaus sollte sie explizit gefördert werden, etwa durch die Befreiung privater und industrieller Verbraucher im Umkreis einer Windanlage von den Netzgebühren, die Installation von Photovoltaikanlagen auf den Dächern aller öffentlichen Einrichtungen bis 2024 sowie eine reelle Bepreisung von CO_2-Emissionen und den Umbau der Stromsteuer zu einer Treibhausgassteuer.

Der klimakompatible Umbau des Energiesystems ist vergleichs-weise einfach, schnell umsetzbar, führt zu einer drastischen Redu-zierung von Klimagasemissionen und spart Kosten sogar vor Einberechnung aller Schäden, die durch das alte fossile und ato-mare Erzeugungssystem entstehen. Dagegen stehen einzig die Inte-ressen einer Handvoll Unternehmen und ihrer Profiteure, die sich nicht nur in der Wirtschaft, sondern genauso in der Politik oder den Gewerkschaftsspitzen finden.

Die Energiewende ist schon unser erster großer Erfolg. Sie ist angelaufen und nicht mehr umkehrbar. Sie muss aber massiv beschleunigt werden, weil das kollabierende Weltklima uns ein gemächliches Auskohlen nicht mehr gestattet.

Mobilität

Nehmen wir an, wir hätten zwei Landflächen, beide jeweils einen Hektar groß. Auf der einen bauen wir Raps an, den wir zu Bio-diesel verarbeiten. Mit der Ernte eines Jahres kann ein PKW circa 40.000 Kilometer zurücklegen. Auf der anderen Fläche bauen wir einen Solarpark. Mit einer Bienenwiese zwischen den Modulreihen ist nicht nur die Artenvielfalt ungleich höher als bei der Rapsmo-nokultur. Ein Elektroauto kann auch mit dem dort in einem Jahr erzeugten Strom ungefähr 4.000.000 Kilometer fahren – also unge-fähr 100-mal (!) so viel wie sein Rapsdieselpendant. Und das bei Brennstoffkosten, die bei lediglich einem Bruchteil liegen.

Auch hier fragt man sich, warum wir den Irrsinn der Ausrich-tung unseres ganzen Mobilitätssystems auf Verbrenner nicht schon lange beendet haben. Die Antwort ist so einfach wie deprimie-rend: weil das Stillstandskartell der Verbrennungsmotorindustrie insbesondere in Deutschland einen ungeheuren Einfluss auf die Politik hat.

Ob sich die Industrie mit ihrem Beharren auf antiquierten Geschäftsmodellen allerdings einen Gefallen tut, sei dahingestellt. Denn die Disruption wird auch die Automobilbranche nicht aussparen. Elon Musk ist einer ihrer Protagonisten. Als völliger Außenseiter trat er in eine bis ins Kleinste durchoptimierte und kapitalintensive Industrie ein. Lange belächelt, hat er sie das Fürchten gelehrt. Tesla war 2020 mehr wert als alle anderen Automobilkonzerne zusammen.

Trotzdem stehen die Bundesregierung und selbst die seit zehn Jahren im Amt befindliche grün geführte Landesregierung Baden-Württembergs auch bei der Elektromobilität auf der Bremse. Die Weigerung der Ministerpräsidenten von Bayern und Baden-Württemberg, Söder und Kretschmann, Fahrverbote entgegen geltendem Recht und trotz höchstrichterlicher Aufforderung umzusetzen, war ein Novum in der deutschen Rechtsgeschichte nach dem Zweiten Weltkrieg. Dass eine Regierung die Anordnung eines Gerichts ignoriert, stellt unseren Rechtsstaat infrage, ist ein Stück Anarchie und war bisher unvorstellbar. Der bayerische Verwaltungsgerichtshof ließ sogar in Brüssel prüfen, ob man Söder in Beugehaft nehmen könne. Auch beim Dieselskandal hielt der Staat seine schützende Hand über die Konzerne.[8]

Nach außen hin gerechtfertigt wird derlei Protektionismus meist mit dem Schreckgespenst des Arbeitsplatzverlustes und dem Verschwinden »unserer« Firmen. Doch schaut man genauer hin, erkennt man, dass es auch hier nur um die Interessen von Teilhabern und Investoren geht.

So entpuppt sich der drohende Arbeitsplatzverlust als Mär: In den durchoptimierten Strukturen der Automobilindustrie hat längst die Wende von der Globalisierung zur Lokalisierung stattgefunden. Autos werden größtenteils in den Wirtschaftsräumen produziert, in denen sie auch verkauft werden. Wenn nicht mehr von BMW, die trotz einst führender Stellung den Wandel zur Elektromobilität verschlafen haben,[9] dann eben von Tesla. Das Unternehmen baut aus gutem Grund in Brandenburg ein großes Automobil- und Batteriewerk. Autos werden also in jedem Fall in Deutschland produziert werden, schlicht weil es hier Menschen gibt, die sie kaufen. Und exzellente Facharbeiter. Das Gleiche gilt für die Zulieferindustrie, die zumeist ebenfalls weltweit lokalisiert auftritt.

Durchsichtig ist auch der Versuch, uns zu suggerieren, dass es hier um »unsere« Firmen und die »deutsche« Automobilindustrie und damit um unsere persönlichen Interessen ginge. Dabei gehört BMW nicht »uns«, sondern fast zur Hälfte der Milliardärsfamilie Quandt/Klatten. Die größten Einzelaktionäre von Daimler sind ein chinesischer Milliardär, ein chinesischer Staatsbetrieb und der Staatsfonds eines weiteren autokratischen Systems: Kuwait. Lediglich an VW hält das Land Niedersachsen zumindest eine Minderheitsbeteiligung. Auf der anderen Seite hat die Politik auch keine Maßnahmen ergriffen, als die 1871 gegründete Linde AG, immerhin zweitgrößter Wert im DAX, de facto von PraxAir übernommen wurde. Das Management sitzt nun in den USA, der Steuervermeidungssitz befindet sich in Irland. Warum das Unternehmen noch im DAX geführt wird, ist unklar. Die patriotische Karte wird nur gezückt, wenn es den Interessen der Lobbys dient.

Die Protektionierung der Autokonzerne durch die Politik ist aber nicht nur rechtswidrig und für die Bürger*innen und Kund*innen extrem teuer. Sie schädigt nicht nur massiv unsere Gesundheit und zerstört unsere Lebensgrundlagen. Sie ist darüber hinaus auch industriepolitisch kurzsichtig. Frankreich, Spanien, Kanada, Großbritannien, Niederlande, Schweden, Dänemark, Norwegen oder Taiwan haben bereits das Ende der Verbrennungsmotoren in ihren Grenzen ausgerufen. Und weitere werden folgen. An wen sollen wir unsere Verbrenner dann noch verkaufen? Die Protegierung hat viele Jahre lang den Anpassungsbedarf künstlich niedrig gehalten und damit Innovation und Wandel ausgebremst.

In Norwegen stieg im Jahr 2020 der Anteil von Elektrofahrzeugen unter den Neuwagen schon auf über 50 Prozent. Der Verbrennungsmotor ist tot. Wie bei den erneuerbaren Energien lässt sich auch hier das Rad nicht mehr zurückdrehen. Selbst die traditionellen Automobilhersteller haben das erkannt. General Motors hat angekündigt, den letzten Verbrenner im Jahr 2030 zu produzieren. VW will in den kommenden Jahren 60 Milliarden Euro in die Entwicklung der Elektromobilität investieren.

Aber natürlich kann die Zukunft der Mobilität nicht so aussehen wie die Vergangenheit, nur dass Verbrennungs- durch Elektromotoren ersetzt werden. Eine Zukunft, in der Milliarden von Menschen sich von selbstfahrenden Elektroblechkisten durch die Gegend kutschieren lassen, ist nicht nur gruselig, sondern auch in keiner Weise kompatibel mit den planetaren Grenzen. Stattdessen brauchen wir wieder eine Stärkung lokaler Systeme und Kreisläufe sowie des öffentlichen Verkehrs.

Und diese Stärkung wäre einfach möglich. Die technischen Voraussetzungen sind auch hier gegeben. Es fehlen die richtigen ökonomischen Anreize. Es fehlen unkonventionelle Ansätze. Die Führung der Deutschen Bahn zum Beispiel scheint zu meinen, dass sie ein privatnütziges Unternehmen wie Bayer oder BMW führen würde. An die Börse bringen wollten sie es ja auch schon. Dabei kann das Ziel der Deutschen Bahn natürlich nicht Gewinnmaximierung oder eine möglichst hohe Eigenkapitalrendite sein. Die Deutsche Bahn bewirtschaftet mit dem Schienennetz ein natürliches Monopol und mit dem Zugverkehr ein reines Fixkostengeschäft. Ein zusätzlicher Fahrgast führt zu praktisch keinen zusätzlichen Kosten. Als Bürger*innen tun wir gut daran, dass die Deutsche Bahn für unser aller Wohl arbeitet und nicht für das eines

Hedgefonds. Die Deutsche Bahn soll möglichst viel Verkehr von der Straße auf die Schiene bringen und Deutschland mit leistungsfähigen und möglichst CO_2-armen Mobilitätsdiensten versorgen. Dazu folgende Rechnung:

Die Deutsche Bahn hat 2019 im Fernverkehr einen Umsatz von ungefähr fünf Milliarden Euro erwirtschaftet.[10] Teilen wir das auf alle 70 Millionen Menschen über 18 Jahre in Deutschland auf, dann entspricht das knapp sechs Euro pro Monat für jeden. Wir könnten also für eine Flatrate von gerade einmal sechs Euro im Monat so viel Bahnfahren, wie die aktuellen Zugkapazitäten zulassen. Dafür bekommt man heute in Berlin nicht einmal eine Tageskarte. Verdoppeln wir den Betrag auf zwölf Euro. Dann können einige Gruppen, die tatsächlich keinen Bedarf haben, aus dem Vertragsbündel aussteigen. Oder die Deutsche Bahn verdoppelt ihren Umsatz. Und investiert weiter in den öffentlichen Fernverkehr in Deutschland.

Im Namen von Ecosia habe ich der Deutschen Bahn tatsächlich schon einmal das Angebot gemacht, für alle Mitarbeiter*innen eine BahnCard 100 zu kaufen. Ähnlich wie Universitäten das in den 1990er-Jahren mit den regionalen Verkehrsanbietern gemacht und dafür erhebliche Mengenrabatte bekommen haben. Alle, mit denen ich bei der Bahn gesprochen habe, fanden die Idee super. Ich habe aber leider nie jemanden gefunden, der oder die uns dafür ein Angebot gemacht hätte …

Über die bereits verfügbaren technischen Lösungen hinaus brauchen wir also auch kommerzielle Innovationen. Sozusagen alles wie gestern, bloß umgekehrt: Statt steuergeförderter Flatrate für Verbrennerautos muss jeder Autokilometer das kosten, was er tatsächlich kosten müsste, wenn man die Schäden miteinbezieht. Dafür führen wir Flatrates im öffentlichen Nah- und Fernverkehr ein. Das ist nicht nur umweltfreundlicher, sondern, wie gesagt, auch betriebswirtschaftlich sinnvoller. Ein voller Zug kostet nämlich genauso viel wie ein leerer, ein zusätzliches Auto bleibt ein zusätzliches Auto. Wir brauchen das 1-Euro-Ticket für den ÖPNV oder besser noch für ganz Deutschland. Für einen Euro am Tag alle öffentlichen Verkehrsmittel im ganzen Land nutzen, ob nah oder fern. Das dürfte einen Großteil der heute noch autofahrenden Bevölkerung motivieren, wann immer möglich, auf den Zug umzusteigen. Und die Betreiber profitieren ebenfalls.

Notwendige gesetzgeberische Weichenstellungen:

- Streichung klimaschädlicher Subventionen:
  - Abschaffung des Dieselprivilegs;
  - Ende der Dienstwagenförderung;
  - Abschaffung der Energie- und Mehrwertsteuerbefreiung von Flugbenzin;
  - Ende des Verschenkens von CO_2-Zertifikaten an Flugkonzerne;
  - Durchsetzung der Luftreinhaltungsgesetze in den Innenstädten;
  - Stopp der Subventionierung von Flughäfen durch die öffentliche Hand;
  - konsequente Parkraumbewirtschaftung und drastische Reduzierung der Autos zur Verfügung stehenden Flächen. Die Stadt Paris zum Beispiel wird in den kommenden Jahren jeden zweiten oberirdischen Parkplatz streichen. Barcelona durchzieht die Stadt stückweise mit »Superblocks«, die für den Autoverkehr weitgehend gesperrt sind. Viel Platz für Fahrradstraßen, Spiel- und Erholungsflächen, Picknicktische, Fußballplätze oder Urban Gardening. Viel Platz für Lebensqualität.

Wie in der Energiewirtschaft kämen wir nachhaltiger Mobilität schon ein großes Stück näher, wenn wir die Subventionierung klimazerstörenden Verhaltens beendeten. Dennoch sollte die Verkehrswende darüber hinaus mit weiteren Maßnahmen beschleunigt werden. So wäre ein landesweites 1-Euro-Ticket für den öffentlichen Personennahverkehr wünschenswert. Darüber hinaus könnte die Bahn in einem Aktionsmonat 1-Euro-Tickets (30 Euro pro Monat) für den öffentlichen Fernverkehr anbieten. Ab 20 Millionen verkauften Tickets erwirtschaftet die Bahn damit Gewinn. Bis dahin zahlt die Bundesregierung die Differenz aus Steuergeldern – bei 140 Milliarden Euro externen Kosten des Autoverkehrs in Deutschland ein Schnäppchen.[11] Schließlich braucht es Hochgeschwindigkeitsbahnverbindungen zwischen europäischen Hauptstädten und einfache, integrierte europaweite Zugbuchungssysteme, um lange Autofahrten und Kurzstreckenflüge endgültig überflüssig zu machen.

Landwirtschaft

Das Welternährungssystem ist in geradezu groteskem Maße dysfunktional. Rund zehn Prozent aller Menschen hungern noch heute.[12] Gleichzeitig waren im Jahr 2016 fast 40 Prozent der Menschen weltweit übergewichtig.[13] In Deutschland waren es satte 57 Prozent. Wir haben also in den 20er-Jahren des 21. Jahrhunderts ein Welternährungssystem, das für jeden zweiten Menschen nicht funktioniert. Ich vermute, dass sich jede Affenherde besser ernährt. Zumindest solange ihr Lebensraum nicht von Menschen zerstört wird.

Unser Ernährungssystem ist aber nicht nur verantwortlich für den Verlust von Menschenleben aufgrund von Fehlernährung und sogenannten Zivilisationskrankheiten. Aus Gier pferchen skrupellose Agrarkonzerne und Landwirt*innen Millionen von Tieren unter erbarmungswürdigen Zuständen auf engstem Raum zusammen. So schaffen sie ideale Brutstätten für Krankheiten. Anstatt für die Beseitigung der Ursache zu sorgen, gestatten Regierung und Parlament aber den Einsatz von Antibiotika. Immer noch wird ungefähr genauso viel von diesen segenspendenden Medikamenten an Tiere verfüttert wie von Menschen eingenommen.[14] Selbst Reserveantibiotika werden an Tiere gegeben. Durch die zunehmenden Resistenzen droht uns ein Rückfall ins medizinische Mittelalter. Ohne wirksame Antibiotika hätte ich 2020 meine älteste Tochter verloren. Und vor langer Zeit schon meine Mutter.

Über die dramatischen gesundheitlichen Schäden hinaus ist die industrielle Landwirtschaft des 20. Jahrhunderts auch volkswirtschaftlich eine Katastrophe. Allein in Deutschland verursacht sie Kosten von jährlich über 90 Milliarden Euro – bei einer Bruttowertschöpfung von gerade einmal 21 Milliarden Euro. Das sagt nicht etwa Greenpeace, sondern die renommierte Unternehmensberatung BCG.[15]

Mit anderen Worten: Als Volkswirtschaft würden wir 70 Milliarden Euro jährlich sparen, wenn wir die Landwirtschaft als Sektor schließen würden. Das wären ungefähr 1.000 Euro pro Erwachsenem in Deutschland. Jedes Jahr.

Auch die Mehrzahl der Bauern profitiert nicht von der durch das aktuelle Landwirtschaftssystem verursachten Verseuchung von Luft, Böden und Wasser oder den erbärmlichen Zuständen in den Ställen: In den letzten 30 Jahren mussten 57 Prozent (!) aller Höfe in Deutschland aufgeben.[16] Wenn weder unsere Volkswirtschaft insgesamt noch die Bürger*innen, noch das Gros der Landwirt*innen von diesem System profitiert – wer dann?

Zum Beispiel die Fleischgiganten wie Tönnies oder der tschechische Ministerpräsident und Agromilliardär Andrej Babiš, ebenso die Vorstände und Großaktionäre der Agrokonzerne Cargill, Bayer/ Monsanto, Nestlé, Coca-Cola oder McDonald's. Nur 50 Konzerne kontrollieren die Hälfte der Lebensmittelverarbeitung auf der Welt. Nur sechs Konzerne beherrschen 70 Prozent des Marktes für kommerzielles Saatgut und Agrarchemie.[17] Wie im Energiesektor auch ist es eine kleine Gruppe ultrareicher Profiteure, die einen erheblichen Einfluss auf die Politik hat und die sich (hier besonders) skrupellos auf Kosten der Allgemeinheit und der Generationen nach uns bereichert.

Dabei sind auch in der Landwirtschaft die Alternativen klar: mehrjährige statt einjährige Pflanzen, integrierte und diverse Systeme statt Monokulturen, dauerhafte Bodenbedeckung und stark vermindertes Pflügen.[18] Der ehemalige französische Landwirtschaftsminister Stéphane Le Foll war von solchen Systemen so begeistert, dass er versucht hat, die europäische Landwirtschaft in diesem Sinne neu auszurichten. Wie wir sehen, waren die Beharrungskräfte leider zu groß. Dabei ist die Landwirtschaft der einzige Sektor, der nicht nur klimaneutral, sondern klimapositiv werden kann – und werden muss. Die von der französischen Regierung gestartete weltweite »4p1000«-Initiative zeigt auf, dass wir den Klimakollaps erst einmal aufhalten und langfristig wenden können, wenn wir den Kohlenstoffgehalt der landwirtschaftlichen Flächen jedes Jahr um nur 0,4 Prozent erhöhen würden.

Notwendige gesetzgeberische Weichenstellungen:

- Stopp der Subventionierung zerstörerischer und skrupelloser Praktiken über den EU-Agrarhaushalt. Die dortigen Mittel sollen ausschließlich für regenerative Landwirtschaft im Sinne der »4p1000«-Initiative und für die Agrarwende ausgegeben werden;

- Bindung von Tierhaltung an die Tragfähigkeit der direkten Umgebung, sowohl was die Futtermittelgewinnung als auch die Aufnahmefähigkeit der Böden für die Fäkalien betrifft;
- Besteuerung zuckerhaltiger Getränke und Lebensmittel, um die gewaltigen Kosten für unsere Gesundheitssysteme zumindest ansatzweise abzubilden;
- Umsetzung der EU-Nitratrichtlinie in Deutschland. Die jahrelange Sabotage und der offene Rechtsbruch der deutschen Regierung schaden nicht nur unserer Gesundheit. Mögliche Strafzahlungen werden übrigens nicht etwa die verantwortlichen Minister*innen treffen, sondern die Bürger*innen Deutschlands, die schon unter den krank machenden Folgen leiden.

Im Vergleich zum Energie- und Mobilitätssektor ist der Wandel der Landwirtschaft schwieriger zu gestalten, denn die Anzahl der betroffenen Akteure ist viel größer. Den vielen kleinen landwirtschaftlichen Betrieben, die bis heute überlebt haben, fehlt es häufig an Wissen und an finanziellem Spielraum, um die notwendigen Umstellungen zu meistern und neue Risiken einzugehen. Die Aufgabe des Staates und dabei allen voran der Landwirtschaftsministerien wäre es also, Landwirt*innen bei dieser Umstellung zu begleiten, anfangs zu koordinieren und sie während einer Umstellungsphase finanziell abzusichern.

Geld

Geld regiert die Welt. Ohne Geld, ohne Kredite stünden bei RWE die Braunkohlebagger still. Ebenso wären die anderen Konzerne, die die zerstörerischen Infrastrukturen auf unserem Planeten kommerziell betreiben, auf der Stelle pleite. Ob Cargill, ExxonMobil,

Bayer/Monsanto – alle brauchen Kredite, um ihre zerstörerischen Geschäfte zu finanzieren. Auf der anderen Seite braucht es Kredite natürlich genauso, um die notwendigen Investitionen in grüne Energien oder Wärmedämmung zu tätigen.

Umso erstaunlicher ist es, dass wir die Produktion von Geld mit den damit verbundenen astronomischen Gewinnen und einem gigantischen Einfluss Privatkonzernen überlassen. Von den gut neun Billionen Euro, die auf der Welt zirkulieren, ist nur etwas mehr als eine Billion Euro, nur knapp 14 Prozent, tatsächlich von der europäischen Zentralbank hergestellt worden. In einem Akt selbstmörderischer Großzügigkeit haben wir es internationalen Finanzkonzernen gestattet, die restlichen 8.000 Milliarden zu schöpfen.[19] Schlimmer, wir haben ihnen sogar das komplette Monopol auf elektronisches Geld gegeben. Die europäische Zentralbank druckt nämlich nur Geldscheine und Münzen. Elektronisches Geld überlässt sie komplett den Finanzkonzernen.

Die 100 Euro, die jemand auf einem Konto bei der Commerzbank liegen hat, sind also gar keine 100 Euro. Es sind 100 Commerzbank-Euro, mit anderen Worten: ein Versprechen der Commerzbank, auf Wunsch 100 echte Euro auszuzahlen. Wenn die Commerzbank zu dem Zeitpunkt noch 100 echte Euro hat. Und genau das ist das Problem. Denn leider sind echte Zentralbankeuro nur für die ersten elf von je 100 Bürger*innen da.[20] Wenn eine oder mehrere Banken in Schwierigkeiten geraten, sollte man schnell sein, wenn man sein Geld noch haben will. So kommt es dann zu »bank runs«. In diesen Fällen droht das Geldsystem als systemrelevante öffentliche Infrastruktur komplett zusammenzubrechen. Und deshalb überschwemmt der Staat die Finanzkonzerne in solchen Situationen mit Geld, statt sie marktkonform pleitegehen zu lassen. Nach der Weltfinanzkrise in den 1930er-Jahre wurden die Finanzmärkte zumindest zu einem gewissen Teil reguliert, um das zu verhindern.

Erst in den späten 1980er-Jahren wurde das Haftungsprinzip für Finanzkonzerne durch die Neoliberalen und ihre Erfüllungsgehilfen Reagan und Thatcher wieder Stück für Stück geschliffen.

In der Weltfinanzkrise von 2007 stand das System dann komplett vor dem Zusammenbruch. Und damit auch die für unsere Gesellschaften lebenswichtige privat betriebene Infrastruktur Geld. Staaten waren weltweit gezwungen, den Finanzkonzernen Risiken in Höhe von mehreren Billionen Euro (!) abzunehmen. Die Welt als Ganzes war diesmal Geisel der Banken und Zockerfonds. Es dürfte sich dabei um den größten Wohlstandstransfer in der Geschichte der Menschheit gehandelt haben. Von Arm zu Reich.

Neu aufgestellt wurde das Finanzsystem dann aber trotz aller Beteuerungen nicht. Ob aus Formatlosigkeit der Politiker*innen oder aufgrund von Korruption durch den Finanzsektor in welcher Form auch immer – am Ende ist das egal. Wenn Angela Merkels Bundeskanzleramt dem Deutsche-Bank-Chef Josef Ackermann 2009 das Haus für dessen Geburtstagsfeier überlassen hat und die Steuerzahler*innen sogar noch die Rechnung für die Bewirtung tragen mussten,[21] dann lässt das vermuten, dass es eine Mischung aus beidem ist.

Um uns in Zukunft vor Erpressung zu schützen und um Finanzkonzerne wieder haftbar zu machen, brauchen wir als Erstes echtes elektronisches Zentralbankgeld, das allen Bürger*innen zur Verfügung steht. Die Pläne dafür liegen in der Schublade. Doch die Finanzindustrie leistet natürlich erheblichen Widerstand. Widerstand gibt es aber auch aus der Bürgergesellschaft, die die gleichzeitige Abschaffung des Bargelds fürchtet. Diese Sorge ist berechtigt. Das Bargeld gilt es auf jeden Fall zu erhalten. Es ist Voraussetzung einer freiheitlichen Gesellschaft, die nicht von den Googles, Paypals und Mastercards der Welt auf Schritt und Tritt beobachtet und von diesen mit maßgeschneiderten Preisen ausgenommen werden will. Bargeld schützt unsere Privatsphären und unser Vermögen vor allzu leichtem Zugriff durch den Staat, wie zum Beispiel durch hohe Negativzinsen.

Zweitens ist es natürlich von größter Relevanz, wofür neu geschaffenes Geld verwendet wird. Dient es der Zerstörung des Planeten durch Verwüstung oder Krieg? Dient es der Fortschreibung ungerechter und nicht nachhaltiger Verhältnisse? Oder dient es dem Wandel zu Demokratie, allgemeinem Wohlstand und der Regeneration der natürlichen Lebensräume, die unser Leben tragen und lebenswert machen? Der ehemalige McKinsey-Direktor und Chef der britischen Finanzaufsicht Adair Turner beschreibt den gezielt verbreiteten Mythos, dass Banken das Geld von Sparern einsammeln würden, um es dann an Unternehmen zu verleihen, die damit produktive Investitionen tätigen. Tatsächlich aber sammeln Banken dieses Geld nicht von den Sparern ein, sondern stellen es, wie oben bereits erwähnt, selbst her. Und tatsächlich wird dieses Geld im Wesentlichen nicht für produktive Investitionen (und schon gar nicht für regenerative) verwendet, sondern dafür, die immer gleichen Assets zu immer höheren Preisen zu kaufen, zu verkaufen und zu finanzieren. Das ist der Grund für die Immobilien- und Aktienblasen und damit auch für die immer schneller steigenden Mieten.[22] Turner beschreibt, wie sich die ehemals armen Volkswirtschaften von Südkorea und Japan durch strenge staatliche Kreditregulierung zu erfolgreichen Industrienationen transformierten. Dort haben die Zentralbanken den Zugang zu Krediten durch Zinssätze oder Eigenkapitalanforderungen für manche Industrien erleichtert und für andere erheblich erschwert. So ist es diesen Staaten gelungen, ihre veralteten wirtschaftlichen Strukturen zu modernisieren und global wettbewerbsfähig zu machen. Ebenso müssen wir heute die Transformation unserer Volkswirtschaften durch Kreditregulierung steuern. Das von Zentralbanken neu geschaffene Geld muss klimafreundlichen Sektoren und Firmen sehr viel preisgünstiger und einfacher zur Verfügung stehen als den zerstörenden Sektoren. Spekulanten und die Betreiber der zerstörerischen Infrastrukturen sollen sich stattdessen ihr Geld von privaten Investoren besorgen müssen. Diese Investoren, darunter auch Banken, müssten dann aber selbst haften. Sie könnten wieder pleitegehen. Sie könnten von der Allgemeinheit keine Rettungspakete oder das Aufblähen der Geldmenge mehr erwarten.

Drittens ist es von erheblicher Bedeutung, wer dieses neue Geld schöpft, wem es zuerst zur Verfügung steht und in welchem Maß seine Schöpfung begrenzt wird. Hier liegt ein maßgeblicher Grund dafür, warum die Reichen immer reicher werden. Den nach ihm benannten Effekt hat Richard Cantillon schon 1755 beschrieben.[23] Er ist auch gar nicht schwer zu verstehen: Die Schöpfung von zusätzlichem Geld schadet über die inflationäre Wirkung allen ein bisschen. Sie hilft aber natürlich fast ausschließlich denen, die es schöpfen oder zuerst bekommen, also vor allem den Banken und danach den großen Kreditnehmern wie Hedgefonds und stark kreditgehebelten Konzernen. Der ehemalige Chefvolkswirt der Deutsche Bank, Thomas Mayer, sieht hier anders als Thomas Piketty die wirklichen Ursachen der Ungleichheit und schlägt eine Reform des Geldsystems vor.[24] Mit der Beendigung des Goldstandards im Jahre 1971 explodierte plötzlich die Geldschöpfung. Und während die Ungleichheit in den USA, gemessen durch den Gini-Koeffizienten, vom Zweiten Weltkrieg bis 1971 sogar langsam zurückging, stieg sie seitdem plötzlich, kontinuierlich und weitaus schneller an.[25]

Zusammenfassend kann man sagen, dass kein Sektor von so grundlegender Bedeutung ist wie das Finanzsystem. Gleichzeitig ist kein Sektor so schlecht reguliert. Das muss sich ändern. Zum Glück setzen sich immer mehr Menschen dafür ein, decken unablässig die Missstände auf und prangern diese an, so wie Christian Felber mit den gemeinwohlorientierten Banken, die Monetative, die eine eigene staatliche Gewalt für das Geldwesen schaffen möchte, die Globalisierungskritiker von Attac oder die Initiative Finanzwende.

Notwendige gesetzgeberische Weichenstellungen:

Auch hier geht es vor allem um die Beendigung der Bevorzugung des zerstörerischen Systems, nämlich von privaten Banken, sowie die Wiedergewinnung der Souveränität über unser Geldwesen:

- Schaffung eines elektronischen Euro durch die europäischen Zentralbanken, zusätzlich und keinesfalls alternativ zum Bargeld;
- Verbot der Geldschöpfung durch nichtstaatliche Organisationen, egal, ob in bar oder elektronisch;
- Vergabe von Krediten durch öffentliche Institutionen nur an gemeinwohlorientierte und klimafreundliche Projekte und Organisationen. Die anderen sollen sich ihre Finanzmittel auf privaten Kapitalmärkten besorgen;
- Bereitstellung eines Kontos mit grundlegenden Funktionen für alle Bürger*innen bei den Zentralbanken, um nach über zehn Jahren Finanzkrisen und Bailouts endlich nicht mehr erpressbar zu sein und um eine der grundlegendsten öffentlichen Infrastrukturen, nämlich unser Geld, wieder unter öffentliche Kontrolle zu bekommen.

Bauindustrie

Wäre die Zementindustrie ein Land, so wäre es der drittgrößte CO_2-Emittent der Welt nach China und den USA.[26] In einer Stadt wie Berlin kommen 55 Prozent des Mülls aus der Bauindustrie, von denen angeblich drei Viertel sortiert und wiederverwendet werden.[27] Der Großteil dieser »Wiederverwendung« besteht allerdings in der Verklappung als Schuttmaterial, vor allem im Straßenbau. Ein Jammer, wenn man bedenkt, wie viel Energie einst in die Herstellung dieser Materialien geflossen ist. Es steht außer Frage, dass wir grundlegend die Art und Weise verändern müssen, wie wir Häuser bauen. Dabei geht es sowohl um den ökologischen Fußabdruck der verwendeten Materialien, wobei auch deren Wiederverwendbarkeit eine Rolle spielt, als auch um den Fußabdruck aus der Nutzung der Gebäude.

Was den Fußabdruck der Baumaterialien betrifft, so ist Zement aufgrund des immensen Energieaufwands bei seiner Herstellung als Hauptbaustoff ungeeignet. Holz dagegen steht auf den ersten Blick natürlich sehr viel besser da. Es wächst nach, ist wärmedämmend, brandschützend und mit hervorragenden statischen Eigenschaften ausgestattet. Zudem fungiert es für die Dauer seiner Nutzung als Kohlenstoffspeicher. Das Problem ist bloß, dass wir vergleichsweise wenig davon haben und dass Holz so langsam nachwächst. Wenn in Deutschland jährlich 32 Millionen Tonnen Zement hergestellt werden[28] und im Jahr 2012 insgesamt nur knapp 20 Millionen Tonnen Holz in deutsche Sägewerke kamen,[29] dann wird schnell klar, dass nicht genügend Holz aus unseren Wäldern geholt werden kann, um den bisherigen Zementverbrauch komplett zu ersetzen.

Umso mehr gilt das, weil sich der Wald in Deutschland schon heute in einer existenziellen Krise befindet – verursacht vom Klimazusammenbruch. In den Jahren von 2015 bis 2018 war es in Deutschland so trocken wie in den letzten 2.000 Jahren nicht mehr.[30] 80 Prozent der Bäume haben Schäden,[31] die Situation ist bedrohlicher als jemals in den letzten 200 Jahren.[32] Es droht die Äthiopisierung großer Teile des Landes. Ein Grund dafür ist, dass mehr als die Hälfte der sogenannten Waldfläche größtenteils gar nicht aus »Wald« besteht, sondern aus Plantagen. Riesige Monokulturen, in Reih und Glied gepflanzt, aus Fichten oder Kiefern, die in unseren Breiten, abgesehen von ein paar Höhenlagen, eigentlich nichts zu suchen haben. Dementsprechend kommt es regelmäßig zu Großschadensereignissen wie Windwurf oder Insektenbefall. Das ist kein neues Phänomen. So meißelten 1921 Forstleute, denen ein Sturm große Teile ihres Fichtenbestandes umgeworfen hatte, folgenden Satz in das Fundament eines Sägewerkes: »Willst du den Wald bestimmt vernichten, pflanze nichts als reine Fichten!« Derlei Schäden gab es auch danach mit steter Regelmäßigkeit. In der ungewöhnlichen Trockenheit nehmen sie aber dramatisch zu. Die Stadt Arnsberg zum Beispiel hat allein in den letzten fünf Jahren 37 Prozent (!) ihrer Nadelbaumforstflächen verloren. Es dürfte wohl unwahrscheinlich sein, dass Fichten- oder Kiefernplantagen in Deutschland künftig noch ihr Zielalter erreichen werden.

Aber auch der Laubwald ist krank. Und jede Holzentnahme schwächt ihn zusätzlich. Sie bricht Lücken in das sonst geschlossene Kronendach, in die der Wind eindringt, durch die Feuchtigkeit aus dem Wald entweicht und Hitze Einzug erhält. Der Wunsch, Holz in großem Stil als Baumaterial zu verwenden, erinnert an die Osterinseln. Dort wurden die Wälder im Wettlauf um immer größere Prachtbauten geopfert. Die Inseln verstepptten komplett, und die Zivilisation kollabierte. Jahrhunderte später fanden Seefahrer nur noch vereinzelte, kleinwüchsige und in Höhlen lebende Menschen, die sich vor allem von Ratten ernährten.[33]

Aufgrund dieser mangelnden Verfügbarkeit kommt Holz also nur eingeschränkt als echte Alternative infrage. Was dann noch bleibt, ist Lehm. Lehm wird seit Jahrtausenden überall auf der Welt zum Bauen verwendet. Er ist ungiftig, langlebig, umweltfreundlich herzustellen und zu entsorgen und sogar einfach wiederverwertbar. Er schafft ein gesundes Raumklima und lässt sich häufig regional beziehen. Über viele Jahrhunderte wurde er im Fachwerkbau in Deutschland eingesetzt. Viele der Häuser stehen immer noch. Wissenschaftler*innen und Praktiker*innen haben den Lehm längst wiederentdeckt und sind dabei, ihn mit allerlei natürlichen Zusätzen zu einem modernen Hightechbaustoff zu machen. Wer bei Lehm immer noch an Hütten denkt, sollte sich einmal die Zentrale der Biopionierin Alnatura in Darmstadt ansehen, ein auf Lehm basierendes Bürogebäude für 500 Mitarbeitende.

Ein weiterer wesentlicher Aspekt bei der Auswahl und Verwendung der Baustoffe ist deren Wiederverwendbarkeit. Doch die sortenreine Trennung von Baustoffen wird natürlich mit jedem zusätzlich verwendeten Baustoff exponentiell schwieriger. Die Kosten dafür tragen allerdings nicht die Baustoffhersteller. Die kommen ungeschoren davon, wenn das Haus eines Tages abgerissen wird, die Baustoffe aber nicht wiederverwendet werden können, sondern mehr oder weniger entsorgt werden müssen. Während jahrtausendelang Gebäude mit nur einer Handvoll von Baustoffen errichtet wurden, vom Petersdom bis zum Tadsch Mahal, ist die Zahl dieser Stoffe in den letzten Jahrzehnten explodiert. In den meisten Fällen, ohne einen wirklichen Mehrwert an Funktionalität mitzubringen. Oft genug trugen sie sogar neue Gifte in unsere Wohnungen: Asbest, Formaldehyd, polyzyklische aromatische Kohlenwasserstoffe, polychloriertes Biphenylen, DDT, Lindan, VOCs, Flammschutzmittel. Einem kurzen Profit Einzelner steht dann die jahrzehntelange Schädigung der Gesundheit anderer gegenüber sowie gigantische Kosten für die Wiedergutmachung, die aber auch wieder von anderen, meist der nachfolgenden Generation, getragen werden müssen.

Ein positives Beispiel für das Prinzip der Modularität und und der einfachen Wiederverwertbarkeit sind die sogenannten Holz100-Häuser. Dort werden Standardelemente aus unbehandeltem Holz rein mechanisch mit Holzdübeln verbunden. Das Haus kann also mit bloßem Ausbohren der Dübel auseinandergenommen werden. Die Standardelemente stehen nach einer kurzen Überarbeitung dann komplett wieder für den nächsten Hausbau zur Verfügung.

Neben dem Fußabdruck der Materialien und deren Wiederverwendbarkeit ist der Fußabdruck der Gebäude während ihrer Nutzungsdauer natürlich von hoher Bedeutung. Schlüssel sind hier die aktive und passive Nutzung von Sonnenenergie (PV bzw. große Südfenster für die Wintersonne, Schutzelemente für die hochstehende Sommersonne) und das richtige Heizsystem. Die Zeiten für Öl- oder Fossilgasheizungen sind vorbei. In den meisten Fällen wird man auf Wärmepumpen zurückgreifen, die wiederum geringe Vorlauftemperaturen und damit Fußbodenheizungen sowie eine ausreichende Dämmung benötigen.

Heißt das nun, dass Wohnen für uns teurer wird, wenn wir die wahren Kosten nicht mehr auf die Allgemeinheit und die Generationen nach uns abwälzen? Nicht unbedingt, denn die Kosten für das Wohnen sind etwas völlig anderes als die Preise für das Wohnen. Dazwischen liegen die Gewinne der Immobilienbesitzenden. Als zum Beispiel Ecosia in ein größeres Büro umzog, wurde das alte Büro natürlich neu vermietet – für ungefähr das Doppelte! Der Wert unseres alten Büros war also von einem Tag auf den anderen um 100 Prozent gestiegen. Und das ohne wesentliche Investitionen durch den Vermieter. Die wirklichen Kostentreiber im Immobilienbereich sind also weniger die Baustoffe als vielmehr die Immobilienspekulation.

Preiswertes Wohnen ist vor allem eine Frage der richtigen Regulierung. Immobilienblasen und Spekulationsexzesse müssen durch staatliches Handeln verhindert werden. In Wien beispielsweise gehören 25 Prozent aller Wohnungen der Stadt. Zusammen mit genossenschaftlichen Trägern unterliegen dort 60 Prozent aller Wohnungen einer Mietpreisbindung.[34] Das liegt vor allem daran, dass die Stadt, anders als viele andere in den letzten 30 Jahren, dem neoliberalen Druck standgehalten und ihre Immobilien nicht an profitorientierte Investoren verkauft hat. Und so liegen die Mieten in Wien um mehr als die Hälfte niedriger als in München. Wien wird auch deshalb regelmäßig zur lebenswertesten Stadt der Welt gewählt.

Berlin dagegen ist den umgekehrten Weg gegangen und erleidet im Gegenzug seit Jahren drastische Mieterhöhungen. Vor 17 Jahren verkaufte die Stadt beispielsweise für 400 Millionen Euro 65.000 Wohnungen an die Spekulanten Cerberus und Goldman Sachs. Heute diskutiert sie im Zuge der Fusion von Vonovia und Deutsche Wohnen über den Rückkauf von 20.000 Wohnungen. Laut Geschäftsbericht beträgt deren »Fair Value« nun 3,6 Mrd. Euro – eine Verdreizigfachung des Wertes. Solche Summen wollen natürlich verzinst sein, und getragen werden müssen diese Zinsen natürlich durch die Mieten.

Selbst wenn ökologische Baustoffe im Moment der Verwendung teurer sein sollten, muss das also keine Auswirkungen auf die Mietenhöhe haben. Diese wird nämlich vor allem durch Grundstücksspekulation bestimmt. Betrachtet man die Folgekosten, sind ökologische Baustoffe für die Gesellschaft als Ganzes zweifelsohne kostengünstiger.

Notwendige gesetzgeberische Weichenstellungen:

Auch beim Bauen sollte es in der Gesetzgebung zunächst einmal vor allem darum gehen, Anreize für zerstörerisches Verhalten abzuschaffen:

- Beendigung der Ausnahmen für Zementwerke bei der Luftreinhaltung. Sie müssen künftig den gleichen Auflagen unterliegen wie zum Beispiel kommunale Müllverbrennungsanlagen;

- angemessene Besteuerung von Baustoffen nichtnatürlichen Ursprungs, um die überproportionalen Recyclingkosten widerzuspiegeln;
- keine Zulassung von scheininnovativen Baustoffen, die Abriss und Wiederverwertung erschweren. Aufgrund exponentiell steigender Recyclingkosten müssen neue Baustoffe entweder geradezu bahnbrechende Vorteile bringen, um dies aufzuwiegen, einfach modular entnehmbar sein oder eben nicht mehr zugelassen werden;
- bei den Energiestandards sind nicht nur die Wärmedämmungseigenschaften zu berücksichtigen, sondern die gesamte Energiebilanz des Hauses inklusive der Baustoffe und der Energieerzeugung während der Nutzung. Dächer sind klimagerecht als Gründach oder zur Energieerzeugung zu nutzen;
- Stopp des Ausverkaufs öffentlichen Immobilieneigentums an private Profiteure. Stattdessen Förderung der kommunalen Wohnraumentwicklung oder Vergabe an Genossenschaften in Erbpacht.

Darüber hinaus muss die Klimawende in der Bauindustrie durch den Staat aktiv gefördert werden:

- zügige Umsetzung aller Klima- und Umweltschutzmaßnahmen bei allen staatlichen Immobilien aus Gründen von Gradlinigkeit, zur Förderung der Akzeptanz und zum Aufbau der notwendigen Infrastruktur;
- Förderung der energetischen Sanierung von Bestandsgebäuden sowohl finanziell als auch durch klare Qualitätsstandards für Dämmmaterialien.

Konsum, Werbung, Internetbarone

Ein zentrales Element des Aufstiegs der Nationalsozialisten und des Ausmaßes ihrer Kontrolle war ihre damals neuartige Propaganda. Anstelle von differenzierten und rationalen Argumenten zielten sie auf Gefühle und die tausendfache Wiederholung einfacher Botschaften. Der Neffe Sigmund Freuds, Edward Bernays, brüstete sich, der Erfinder oder Entdecker dieser Prinzipien gewesen zu sein. Und er wendete sie im Auftrag der Industrie an, um Menschen etwas zu verkaufen, das sie ursprünglich gar nicht haben wollten. Er verkaufte nicht mehr Produkte, sondern Gefühle, Symbole und Träume. Er kreierte und befeuerte Sehnsüchte, die sich drogengleich nur kurzfristig stillen, aber nie ganz erfüllen ließen. So werfen heute die Menschen ihr Geld Produkten hinterher, die sie ohne Werbung niemals kaufen würden. Glücklicher werden sie dadurch zwar nicht. Der ökologische Fußabdruck dieses Irrsinns aber ist gigantisch.

Heute ist Konsumpropaganda ein zentrales Element der Hyperkonsumgesellschaft. Wir sind von morgens bis abends informationsfreien, manipulativen Botschaften ausgesetzt, die uns unterbewusst suggerieren, dass wir glücklich, geliebt, bewundert oder sicher sein werden, wenn wir nur das richtige Produkt kaufen. In eine neue Dimension ist diese Konsumpropaganda mit der personalisierten Werbung im Internet vorgedrungen. Vor allem der Internetgigant Google ist in der Lage, Milliarden von Menschen digital regelrecht zu »stalken«. Ob ich meine E-Mails lese, durchs Internet surfe, eine Onlinesuche tätige oder mein Handy nutze: Google weiß, wer ich bin, wo ich bin, was ich vorher gemacht habe, und kann durch Korrelation mit Hunderten von Millionen von Profilen sogar bis zu einem gewissen Grad vorhersagen, was ich als

Nächstes tun werde. Sogar bevor ich es selbst weiß. Und so weiß Google auch, wie man mich beeinflussen kann, stattdessen etwas anderes zu tun.

Google, Microsoft, Facebook und Amazon sind zusammen über vier Billionen US-Dollar wert. Das ist mehr als die 50 größten europäischen Aktiengesellschaften zusammen, darunter VW, Linde, SAP, Bayer, Siemens, Airbus, Louis Vuitton, L'Oréal, AB Inbev, Sanofi, Total, Inditex, Allianz, Deutsche Telekom, Enel, Daimler, Air Liquide, BNP Paribas, BASF, Deutsche Post, Axa, Adidas, Philips, ING, Danone, Münchner Rück, Vonovia, Deutsche Börse und Nokia. Diese Macht ist nicht nur von enormer wirtschaftlicher Bedeutung. Der Fall »Cambridge Analytica« hat gezeigt, wie persönliche Profile und elektronische Werbung erfolgreich dazu genutzt werden können, Wahlergebnisse zu verändern. Die Firma brüstet sich damit, die Beeinflussung von 200 Wahlen weltweit angestrebt zu haben, darunter die Abstimmung über den Brexit und die Wahl Donald Trumps. Diese gewaltige Macht, die die Technologie von Cambridge Analytica bedeutet, hat auch die britische Regierung erkannt – und sie wie Waffensystemen Exportkontrollen unterworfen.

Bei Daten- und Privatsphärenschutz geht es also weniger darum, dass plötzlich Nacktfotos von uns im Internet auftauchen. Es geht um die Möglichkeit, unzählige Menschen mit auf die individuelle Psyche abgestimmten Nachrichten zu manipulieren. Ein Putsch braucht heute nicht unbedingt Panzer. Digitale, personifizierte Werbung und Propaganda können das Zünglein an der Waage sein und in Demokratien Menschen an die Macht bringen, die dort niemals hätten sein dürfen. Während die freie Meinungsäußerung des Einzelnen ein hohes Gut ist, gehört deshalb die massenweise Manipulation von Menschen zu wirtschaftlichen und politischen Zwecken verboten. Andernfalls gewinnen die Internetbarone auch im analogen Raum immer mehr Macht. So hat Jeff Bezos das »Wall Street Journal« gekauft, die zweitauflagenstärkste Zeitung der USA. Google gab in den vergangenen Jahren allein in Europa 200 Millionen Euro aus, um Medien und Journalisten zu umgarnen,[35] und Microsoft hat im vergangenen US-Wahlkampf mit 200.000 US-Dollar die Wiederwahl von klimawissenschafts- leugnenden Senatoren unterstützt.[36] Wenn Sie diese Aussage überprüfen wollen und »Microsoft 200.000 USD senators climate sceptic« in Microsofts Suchmaschine Bing eingeben, werden Sie als Erstes Links zu »Microsoft's commitment to sustainability« und zur Nachhaltigkeitsberichterstattung des Unternehmens erhalten. Bemerkenswert, oder?

In noch viel höherem Maße bestimmt Google die Antworten auf die Fragen der Welt. Für 95 Prozent der ans Internet angeschlosse- nen Menschen entscheidet der Konzern, was ihnen als richtig oder falsch, gut oder böse präsentiert wird. Der Konzern entscheidet auch, wie einfach man Informationen über Korruption oder Steu- ervermeidungspraktiken globaler Konzerne erhält. Die sowjetische »Prawda« hatte einen geringeren Marktanteil.

Ähnlich wie die großen Telekommunikationsgiganten in den USA und in Europa im 20. Jahrhundert sind die Internetoligar- chen zu groß geworden, um noch demokratisch kontrolliert wer- den zu können. Diese Konzerne müssen strukturell entflochten werden. Browser, Operating Systems, Suchmaschinen, App Stores oder E-Mail-Dienste müssen getrennt voneinander betrieben wer- den. Eine marktbeherrschende Stellung in einem Markt darf nicht länger auf anderen Märkten missbraucht werden, um dort eigene Dienste zu bevorzugen. Diese Plattformen müssen von starken, dedizierten Regulierungsbehörden kontrolliert werden und sich Änderungen im Voraus genehmigen lassen. Sonst geht es nach Zuckerbergs Maxime weiter: »Move fast and break things!«

Notwendige gesetzgeberische Weichenstellungen:

- drastische Reduzierung der Hyperkonsumpropaganda: werbefreie analoge und digitale Räume, werbefreie Zeiten, generelles Verbot für Werbung an Minderjährige und für klimaschädliche Produkte;
- Beschränkung von Werbung auf Informationsvermittlung. Verbot von Werbung, die aussieht, als wolle sie uns für dumm verkaufen, die uns tatsächlich aber manipuliert. Konzerne können rechnen;
- Einführung eines Lieferkettengesetzes, das mit strafrechtlichen Konsequenzen verhindert, dass Konzerne Menschenrechtsverletzungen in den Globalen Süden auslagern können;
- Recht auf Reparatur und Containern. Verbot der Vernichtung unverkaufter oder retournierter Waren;
- strukturelle Entflechtung der Internetmonopole und deren Regulierung durch eine neu zu schaffende Bundesinternetagentur.

Der öffentliche Sektor

Ich werde regelmäßig von Politiker*innen gefragt, was es denn an zusätzlichen Förderprogrammen für Start-ups und kleine Firmen geben sollte. Ich antworte dann immer: »Verschenken Sie nicht das Geld der Bürgerinnen und Bürger! Nutzen Sie uns lieber!«

Natürlich ist es für Politiker*innen angenehm und einfach, sich die staatlichen Spendierhosen anzuziehen und gönnerhaft Steuergelder zu verteilen. Angenehmer jedenfalls, als im eigenen Apparat für nachhaltige Veränderungen zu sorgen. Dabei wäre der Einfluss hier um ein Vielfaches größer. Laut volkswirtschaftlicher Gesamtrechnung beliefen sich 2020 die Konsumausgaben des Staates auf

750 Milliarden Euro.[37] Damit ließe sich einiges machen. Wenn diese gigantischen Summen in der Vergangenheit für klimafreundliche Produkte ausgegeben worden wären, befänden wir uns heute wohl nicht in dieser katastrophalen Situation. Wenn der Staat als früher Auftraggeber von klimafreundlichen Start-ups agiert, dann verschafft er ihnen nicht nur Umsatz und eine Marge. Er verschafft ihnen Glaubwürdigkeit. Er inspiriert Nachahmer*innen. Würde die öffentliche Hand schon heute zu 100 Prozent echten Ökostrom nutzen, klimafreundliches Windgas aus Deutschland statt Frackinggas aus den USA oder Russland beziehen, ausschließlich reine Elektrofahrzeuge kaufen, in ihren Kantinen komplett auf regionale Biolebensmittel zurückgreifen – wir stünden heute schon ganz woanders.

Und es wären nicht nur erfolgreiche neue Firmen und Produkte entstanden. Viele bis dahin konventionelle Firmen hätten die Produktion der klimaschädlichen Alternativen bereits eingestellt. Wenn die Produktion der palmölfreien Variante des Christstollens eine bestimmte Menge überschreitet, dann wird die palmölhaltige eingestellt. Und zwar komplett. Die Supply Chain ist für zwei Produkte dann viel zu teuer. Und die Käufer der bisherigen palmölhaltigen Variante werden auch die palmölfreie kaufen. Aber eben nicht umgekehrt.[38]

Die Ausgaben der öffentlichen Hand wären also ein immenser Hebel, unsere klimazerstörenden Infrastrukturen zu zerschlagen und stattdessen lebensfreundliche Alternativen wachsen zu lassen. Das ist natürlich sehr viel anstrengender, als Steuergelder zu verschenken. Aber es ist auch ungleich wirksamer.

Die enorme Einkaufsmacht der öffentlichen Hand geht auch noch weit über die Haushalte der Kommunen, Bundesländer und des Bundes hinaus. Es gibt zahlreiche Organisationen im Besitz der öffentlichen Hand, wie die schon erwähnte Deutsche Bahn, die Stadtwerke, Förderbanken, Sparkassen, Rundfunkanstalten oder

Forst- und Immobilienverwaltungen. In all diesen Institutionen können die jeweiligen Regierungen eine klimataugliche Beschaffung durchsetzen.

Das öffentliche Vergaberecht sieht explizit die Betrachtung von Lebenszykluskosten und damit auch von Entsorgung und externen Effekten vor. Die mangelnde Klimatauglichkeit der öffentlichen Beschaffung scheint also weniger ein gesetzgeberisches Problem zu sein, als ein Problem von mangelnder Führung, und zwar auf allen Ebenen. Und wie überall auf der Welt dürfte es in Deutschland ein Problem von Korruption sein. Im Bereich Energie sind Hunderte Fälle aktenkundig, wie an anderer Stelle bereits besprochen.

Die Lösung scheint hier also weniger in anderen Gesetzen zu liegen, sondern eher in mehr Transparenz und einem direkteren Zugriff des Souveräns, also von uns, den Bürger*innen.

Notwendige gesetzgeberische Weichenstellungen:

- Lösung des Bundesamts für Statistik aus dem direkten Zugriff der Politik, insbesondere durch eine direktere Besetzung von Führungspositionen. Beauftragung des Bundesamts mit der Herstellung von Transparenz über die Ergebnisse der öffentlichen Beschaffung, insbesondere mit Hinblick auf die Klimawende;
- Stärkung der Position der Bundes- und Landesrechnungshöfe. Deren sehr fundierte Kritik läuft bisher aufgrund mangelnder Gewaltenteilung systematisch ins Leere, weil sie an die Missetäter selbst berichten müssen. Die Höfe brauchen Sanktionsmittel oder müssen an andere Stellen berichten, die solche Sanktionsmittel besitzen. Dazu später mehr.
- Einführung von ausgelosten Beschaffungsräten, ähnlich wie den Schöffen bei Gericht. Wie in den USA sollten diese aller-

dings aus der wahlberechtigten Bevölkerung ausgelost werden und nicht nur unter denen, die sich für ein solches Amt melden. Es droht sonst ein massiver Einfall von Lobbyisten. Diese Beschaffungsräte fällen dann nicht nur einzelne größere Beschaffungsentscheidungen, sondern überwachen die Ergebnisse des gesamten Beschaffungsprozesses stichpunktweise oder in aggregierter Form.

Regenerativ statt nachhaltig

Im Pariser Klimaabkommen haben sich 170 Länder zur Klimaneutralität verpflichtet. Viele einflussreiche große Konzerne haben ebenfalls solche Selbstverpflichtungen zur Reduktion ihres Treibhausgasausstoßes und zur Nutzung von erneuerbaren Energien verkündet. Schaut man genauer hin, dann fällt freilich auf, dass diese klangvollen Versprechungen in der Regel ein Verschieben versprechen, nicht ein Anpacken. »Bis 2050« bedeutet, dass sich spätere Regierungen darum kümmern sollen und jetzt erst mal alles beim Alten bleibt. Sie haben 2021 wahrscheinlich viele Versprechen für 2045, 2040 oder 2035 gehört. Fällt Ihnen eines für 2022 ein?

Noch schlimmer ist aber, dass das Ziel mit bloßer Neutralität für jeden Einzelnen viel zu tief gesteckt ist. Dann sind die Erfolgreichen ja bestenfalls nicht mehr Teil des Problems, aber immer noch nicht Teil der Lösung. In den Plänen gibt es keine Puffer. Sobald ein Land seinen Teil des Ziels nicht erreichen kann oder will, scheitert die globale Gesellschaft. Zumindest wenn andere nicht über ihr Ziel hinausgehen.

Bischof Desmond Tutu soll einmal gesagt haben: »If you are neutral in situations of injustice, you have chosen the side of the oppressor. If an elephant has its foot on the tail of a mouse, and you say that you are neutral, the mouse will not appreciate your neutrality.«[39] Angesichts eines geradezu apokalyptischen Problems wie des Klimakollapses ist für mächtige Staaten und Konzerne bloße »Klimaneutralität« daher völlig inakzeptabel. Hinzu kommt noch, dass die hinter dem Klimaabkommen liegenden Modelle viel zu optimistisch waren und beispielsweise keine Kipppunkte berücksichtigt haben. Wir müssen also sogar mehr schaffen, als in Paris vereinbart.

Bei Ecosia sind wir ganz Bischof Tutus Meinung: Die aus unseren Überschüssen finanzierten Bäume sequestrieren ein Vieltausendfaches der von Ecosia verursachten Emissionen. Und wir haben so viele Solaranlagen gebaut, dass wir den für unsere Suchen benötigten Strom rechnerisch gleich doppelt ins Netz zurückspeisen. Eine Suche auf Ecosia läuft also nicht zu 100, sondern zu 200 Prozent auf erneuerbaren Energien. Theoretisch drückt sie so ein Stück schmutzige Kohleverbrennungsanlage aus dem Netz.

Unsere Firmen, Organisationen und Volkswirtschaften dürfen also nicht nur auf Klimaneutralität zielen, sondern müssen klimapositiv werden. Sonst bedeutet das Scheitern einiger Länder das Scheitern von uns allen. Vorreiter werden das überkompensieren müssen, was Nachzügler nicht erreichen können oder wollen. Nur dadurch, dass wir höher als auf nur das Minimum zielen, erhalten wir unsere Freiheit zurück und sind Klimawissenschaftsleugner*innen nicht mehr ausgeliefert.

Update-Bedarf für das demokratische Betriebssystem

Die Mängel in unserem aktuellen demokratischen Betriebssystem bestehen schon lange. Sie betreffen nicht nur die Klimawende. Deren Lösung war schon seit Jahren geboten. Deren Lösung wird auch über die Klimawende hinaus weitreichend zu Freiheit, Gerechtigkeit, Verantwortung und Demokratie beitragen. Wir hätten uns früher darum kümmern sollen, aber jetzt ist ein demokratisches Update dringlich und unerlässlich. Es geht ums Ganze.

Bisherige Versionen und Updates

Die Demokratie in Deutschland ist nicht, auf Steintafeln eingemeißelt, vom Himmel gesandt worden. Sie funktioniert nach von Menschen gemachten Regeln, die sich in den letzten gut 200 Jahren zu dem entwickelt haben, was wir heute kennen. Und diese Regeln werden sich auch in den kommenden 200 Jahren weiterentwickeln. Sie sind alles andere als »alternativlos«.

Die Entwicklung dieser Regeln hat erst zwei größere Schübe hinter sich. Seit dem Wiener Kongress, dem Vormärz und besonders nach der Revolution von 1848/49 wurden in den meisten deutschen Ländern eine Form der Volksvertretung institutionalisiert und erste Mitbestimmungsrechte eingeräumt. Die Bürger*innen wurden durch Parlamente vertreten, die allerdings der Exekutive gegenüber schwach waren und auch nicht in allgemeinen, freien und gleichen Wahlen zustande kamen. In manchen Einzelstaaten hatten einige Wählergruppen mehr Stimmen als andere, oder es gab ein Drei-Klassen-Wahlrecht. Frauen durften ohnehin nicht wählen. Das war gewissermaßen Deutschlands »Demokratie 1.0« – schwache Parlamente, die nur von mehr oder weniger großen Untergruppen der Bevölkerung gewählt wurden.

Mit dem Ende des Ersten Weltkrieges wurde das Upgrade zur »Demokratie 2.0« abgeschlossen. Wahlen waren jetzt fast allgemein. Frauen durften wählen, nur die große Gruppe der Minderjährigen fehlte. Der Kaiser wurde verjagt, die Fürsten wurden abgesetzt, der Souverän war nun das Volk. Zumindest auf dem Papier. Auch in der Weimarer Republik konnte sich jedoch nur eine indirekte Form der »Demokratie«, der Herrschaft des Volkes, etablieren. Der Souverän musste sich durch Parteien vertreten lassen. Sie waren es, die die Programme entwickelten und Strukturen ausbildeten, um ihre Politik im Parlament und außerhalb des Parlaments umzusetzen. Eine unmittelbare Verantwortlichkeit gegenüber der Bevölkerung, wie sie sich beispielsweise die Theoretiker der Räterepublik vorgestellt hatten, gab es also wieder nicht.

Nach dem Ende des Zweiten Weltkrieges wurde an das Weimarer Modell angeknüpft. Macht wurde innerhalb des Systems anders verteilt, was den Parteiführungen zugutekommen sollte. Die Struktur blieb unverändert. Über die Jahrzehnte erfolgten dann nur noch geringfügige Änderungen. Die Entwicklung unserer Demokratie verlor sich im Klein-Klein. Es entwickelte sich eine »Kommatakratie« (griech. Kómma = Partei), eine Herrschaft der Parteien. Für die letztlich überschaubaren Herausforderungen der Bonner Republik genügte das. Für die existenziellen Krisen der Gegenwart ist das zu wenig. Unser demokratisches Betriebssystem läuft heute auf der Version 2.65. Wir brauchen aber ein grundlegendes Update, das mehr politischen Wettbewerb und ein höheres Maß an demokratischer Kontrolle erlaubt.

Fehler der aktuellen Version

Ich bin für die beiden Demokratiestufen, die Deutschland in den letzten zwei Jahrhunderten erreicht hat, ausgesprochen dankbar. Wir haben uns von einer Aristokratie über einen Scheinparlamentarismus von Kaisers Gnaden weiterentwickelt hin zu einer »unrepräsentativen« Demokratie.[40] Das ist ja schon eine ganze Menge, und viele mutige Frauen und Männer mussten für diese Versionswechsel kämpfen, leiden und sterben.

Während der letzten Jahrzehnte war die unrepräsentative Demokratie vielleicht auch ausreichend. Es ging uns immer besser, und ihre Fehler ließen sich meist mit mehr oder weniger viel Humor ertragen. Doch mit Corona-Pandemie und Klimakollaps ist die aktuelle Version lebensbedrohlich geworden. Wir können nicht davon ausgehen, dass wir als Gesellschaft mit diesem demokratischen Betriebssystem schnell genug die Klimawende schaffen. Spätestens seit dem Earth Summit in Rio de Janeiro von 1992 ist die Situation allen Verantwortlichen klar. Oder sie könnte ihnen zumindest klar sein. Es passiert aber zu wenig, und es passiert zu spät. Es gibt eine riesige Diskrepanz zwischen dem, was Politiker*innen sagen, und dem, was Politik tut. Es wirkt von außen wie ein Kampf gegen das eigene Volk. Warum ist das so?

Meiner Ansicht nach gibt es dafür eine Reihe von Gründen: die unrepräsentative Zusammensetzung des Parlaments, den Einfluss von Unternehmens- und Privatinteressen, die mangelhafte Gewaltenteilung und Transparenz sowie insbesondere die Macht der Führungszirkel der Regierungsparteien.

Die unrepräsentative Demokratie

Die unrepräsentative Demokratie wird von Politiker*innen immer gern als »repräsentative« Demokratie bezeichnet. De facto ist sie aber alles andere als repräsentativ:[41:]

- 52 Prozent aller Wahlberechtigten sind Frauen, aber nur 31 Prozent der Abgeordneten des 19. Bundestags;
- 15 Prozent der Wahlberechtigten sind jünger als 30 Jahre, aber weniger als zwei Prozent der Bundestagsabgeordneten;
- Arbeiter*innen oder Angestellte finden man in den Parlamenten kaum noch, Jurist*innen und Beamt*innen hingegen sind deutlich überrepräsentiert;
- ebenso deutlich überrepräsentiert sind Menschen, die von RWE bezahlt werden – vor, während oder nach ihrer politischen Tätigkeit: Der nordrhein-westfälische Landtagsabgeordnete Gregor Golland (CDU), das Mitglied des CDU-Präsidiums Hermann-Josef Arentz, der ehemalige Vorsitzende der SPD-Fraktion in NRW Edgar Moron oder der Ex-Chef von ver.di und Bundesgrüne Frank Bsirske erhielten bereits während ihrer Tätigkeiten Gelder des Konzerns, der Chef der nordrhein-westfälischen Staatskanzlei Georg Wilhelm Adamowitsch, der Gewerkschafter Werner Bischoff und die ehemaligen Bundeswirtschaftsminister Werner Müller und Wolfgang Clement erst nach ihrem Ausscheiden.[42]
- Ein weiterer großer Unterschied ist der Anteil an Menschen, die eine Universität oder Fachhochschule besucht haben: über 80 Prozent im Bundestag, nur rund 20 Prozent in der Gesamtbevölkerung.

Manche versuchen, die unrepräsentative Zusammensetzung der Parlamente zu rechtfertigen, indem sie suggerieren, dass es sich bei den Abgeordneten um eine Art Leistungselite handelte. Doch zum einen verkennen diese Menschen das Niveau der handwerklichen Ausbildung in Deutschland und deren Bedeutung für den wirtschaftlichen Erfolg des Landes. Zum anderen gibt es unter den Politiker*innen selbst viele, die den eigenen Maßstäben an eine Leistungselite bei Weitem nicht genügen. Sehen wir uns ein paar Beispiele an, und zwar von Spitzenpolitiker*innen, also sozusagen der Elite der Leistungselite:

- Paul Ziemiak, seit 2018 Generalsekretär der CDU, hat zunächst ein Studium der Rechtswissenschaft an einer staatlichen, danach eines der Unternehmenskommunikation an einer privaten Hochschule ohne Abschluss beendet. Ohne eine berufliche Station dazwischen ist er seit 2017 Mitglied des Bundestags;
- Andrea Nahles, von 2017 bis 2019 Vorsitzende der SPD-Fraktion im Bundestags und von 2018 bis 2019 Parteivorsitzende, zog noch vor Abschluss ihres zehnjährigen Germanistik- und Politikstudiums in den Bundestag ein;
- Andreas Scheuer, Generalsekretär der CSU und Bundesverkehrsminister, zog ohne berufliche Station nach dem Ende seines Studiums in den Bundestag ein. Er führte eine Zeitlang widerrechtlich einen Doktortitel, was zu strafrechtlichen Ermittlungen führte, die jedoch eingestellt wurden.

Die vermeintliche Leistungselite ist also gar keine Leistungselite. Das will ich ihr auch gar nicht vorwerfen. Sie sollte sich allerdings auch nicht also solche aufführen. Wie ich im nächsten Kapitel argumentieren werde, ist es nicht einmal erstrebenswert, die Entscheidungsmacht in einem Gemeinwesen an eine Leistungselite zu delegieren. Denn diese Menschen nutzen ihre Fähigkeiten normalerweise zu ihrem eigenen Wohl und dem ihrer Netzwerke, nicht zu dem der Allgemeinheit.

Noch viel schlimmer und leider noch viel relevanter ist der Mangel an Repräsentativität übrigens in den Parlamentsausschüssen. Denn gerade diese sind es ja, die die Positionen des Parlaments und damit die Gesetzgebung bestimmen. Nehmen wir zum Beispiel den Agrarausschuss des Deutschen Bundestags. Dort sind 85 Prozent der CDU/CSU-Mitglieder selbst Landwirt*in, Bauernverbandsfunktionär*in oder Aufsichtsrät*in bei einem Agrarkonzern.[43] In der Gesamtbevölkerung stellt diese Gruppe aber nur knapp ein Prozent. Wer vertritt denn hier die Interessen der 99 Prozent? Bei einem solchen Missverhältnis darf man sich nicht wundern, wenn die Agrarsubventionen der mit Abstand größte Kostenblock im EU-Haushalt sind oder wenn der von der Landwirtschaft in Deutschland verursachte Schaden sechsmal so hoch ist wie deren Bruttowertschöpfung.[44] Wenn die Düngeverordnung im Agrarausschuss maßgeblich von Aufsichtsratsmitgliedern des Agrar- und insbesondere Düngemittelkonzerns Agravis verhandelt wird, dann dürfen wir uns nicht wundern, dass die Bundesrepublik hier seit fast 20 Jahren gegen EU-Recht verstößt.[45] Wenn im Agrarausschuss des Bundestags mindestens drei mutmaßliche Tierschänder sitzen, wie Videoaufnahmen von PETA und Animal Rights Watch vermuten lassen,[46] dann dürfen wir uns nicht wundern, dass die betäubungslose Kastration von 20 Millionen Schweinen pro Jahr erst 2013 verboten und dann trotzdem sogar noch bis 2021 verlängert wurde.

Unsere Parlamente sind nicht repräsentativ. Die Abgeordneten sind auch nicht per se schlauer als wir Bürger*innen. Viele von ihnen haben Lebensläufe, die es ihnen schwermachen dürften, außerhalb der Politik und außerhalb der Korruptionsindustrie eine Anstellung zu finden. Und so werden viele von ihnen Opfer von Großkonzernen, die ihnen eine gut bezahlte Lobbyisten- oder Frühstücksdirektorenstelle bieten.

Oligarchie und Lobbykratie

Ob sich alle Politiker*innen immer und zuerst dem Wohl des Gemeinwesens verpflichtet fühlen? In den USA beispielsweise fallen wichtige Kabinettsposten seit Jahrzehnten an Spitzenmanager von Goldman Sachs oder der Ölindustrie. Zweifelsohne gebildete Menschen mit hervorragenden Berufschancen auch nach ihrer Amtszeit.

Deren Machtmissbrauch hat die Universität Princeton in einer Studie quantifiziert. Sie untersuchte 1.800 politische Entscheidungen aus 20 Jahren – und kam zu dem Ergebnis, dass reiche, gut vernetzte Menschen die Belange des Landes steuern, unabhängig vom Willen der Mehrheit oder sogar gegen diesen.[47] Die USA weisen also deutlich oligarchische Züge auf. Tatsächlich hat man in den USA Konzerne sogar zu demokratischen Subjekten gemacht, die mit gigantischen Summen den Wahlkampf finanzieren und damit einen immensen Einfluss auf den Ausgang von Wahlen haben. Kein Mensch kann dort Präsident werden, ohne sich von Konzernen abhängig zu machen.

Aber auch in Deutschland protegieren Politiker*innen regelmäßig Großkonzerne auf Kosten der Allgemeinheit und scheuen dabei nicht einmal vor Gesetzesbruch oder Rechtsbeugung zurück. Während von Demokratie und Marktwirtschaft die Rede ist, scheint teilweise ein regelrechter Konzernkommunismus zu herrschen, mit Steuerausnahmen, gigantischen Subventionen und garantierten Gewinnen – alles finanziert von den Bürger*innen.

Beispiel Energie

Statt die Energiewende zu beschleunigen, sabotieren die Regierungen Merkel diese aktiv. Sie haben das EEG von einem Förderinstrument für dezentrale Wind- und Solarkraftanlagen in Bürger*innenhand zu einem Subventionsinstrument für die stromintensive Industrie umgebaut. In den Niederlanden schließt eine Aluminiumhütte, weil sie aufgrund der geringen Großverbraucherstrompreise in Deutschland nicht mehr wettbewerbsfähig ist.[48] Denn in Deutschland gehört der Strompreis für über 1.700 Großverbraucher zu den niedrigsten Europas. Diese profitieren auf der einen Seite vom Ausbau der Erneuerbaren durch fallende Preise an den Strombörsen. Auf der anderen Seite wurden sie durch die Politik großzügig von EEG-Umlagen und teilweise sogar von den Netzgebühren befreit. Diese Unternehmen zahlen heute weit geringere Preise für Strom als vor der Energiewende. Finanziert wird das Ganze aus dem Geldbeutel der kleinen Frau und des kleinen Mannes. Diese müssen die versteckten Industriesubventionen über Haushaltsstrompreise bezahlen. Die Haushaltsstrompreise wiederum gehören deshalb zu den höchsten in Europa.

Die Politik hat außerdem die Stromkonzerne von den Durchleitungskosten für Stromexporte befreit. Normalerweise würde ein norwegischer Stromkonzern niemals Strom nach Italien verkaufen, weil die Leitungsverluste viel zu hoch wären und die Nutzung der Stromtrassen bis dahin Unsummen verschlänge. Nun hat es die Stromlobby in Europa aber geschafft, dass sie nicht nur die Netze unentgeltlich zur Durchleitung nutzen dürfen, sondern auch noch die Leitungsverluste erstattet bekommen. Die Kosten dafür tragen die Bürger*innen und Kleinbetriebe in Deutschland, die nicht von den Ausnahmen profitieren. Für diese Schmarotzerstromtransporte müssen gigantische Stromleitungen sogar neu gebaut werden. Davon wiederum profitieren die Netzbetreiber, also die Investoren, die sich die ehemals staatlichen Netze während des neoliberalen Ausverkaufs unter den Nagel gerissen haben. Nun werden die ehemaligen staatlichen Monopole als private Monopole weitergeführt. Mit staatlich garantierten Eigenkapitalrenditen von über neun Prozent.[49]

Dem Druck der Straße nach Abschaltung der Kohlekraftwerke begegnet die Politik mit einem arglistigen Täuschungsmanöver. Statt eines repräsentativen Bürger*innenrates delegiert sie das Thema an die sogenannte Kohlekommission, ein Gremium, das von den Profiteuren der Kohle beherrscht wird. Diese schreiben sich auf Steuerzahler*innenkosten Schecks in zweistelliger Milliardenhöhe aus. Stanislaw Tillich, ehemaliger Ministerpräsident von Sachsen, war einer der Vorsitzenden der Kommission. Kurz nachdem seine Arbeit dort getan war, erhielt er den Aufsichtsratsvorsitz beim Braunkohlekonzern MIBRAG. Derweil weigert sich Bundeswirtschaftsminister Peter Altmaier, der Öffentlichkeit ein von ihm selbst auf Steuerzahler*innenkosten beauftragtes Gutachten vorzulegen, das wohl die Unnötigkeit von sechs der noch sieben geplanten Dorfzerstörungen für die Braunkohle beweist.[50]

Aber auch vor Gesetzesbruch schreckt die deutsche Regierung nicht zurück, wenn es gilt, der Schmutzstromlobby dienlich zu sein. Nicht nur, dass sie selbst keinerlei Ambitionen zeigt, die Bevölkerung vor der Vergiftung ihrer Atemluft und der Zerstörung des Klimas zu schützen, sie sabotiert auch noch europäisches und damit auch deutsches Recht, indem sie die Luftreinhalterichlinie der EU von 2017 ignoriert. Viele Kohleverbrennungsanlagen, die schlimmsten Luftverschmutzer in Europa, wären ansonsten wohl längst stillgelegt.

Und der skandalöse Bau des Kohlekraftwerks Datteln erfolgte auf der Grundlage einer widerrechtlichen Baugenehmigung.[51] Die Politik nimmt also Rechtsbruch, Krankheit und Tod von Menschen und den Klimazusammenbruch in Kauf, um die Interessen einer kleinen Lobby zu bedienen.

Beispiel Automobil

Auch hier ist sich die Politik nicht zu schade, geltendes Recht zu brechen oder dessen Umsetzung zu sabotieren. Im Dieselskandal sind die ersten Spitzenmanager wegen bandenmäßiger Kriminalität angeklagt. Aber gehören zu dieser Bande nicht auch Politiker*innen, die die Abgasmanipulationen implizit ermöglicht oder geholfen haben, sie geheim zu halten? Gehören nicht auch die Ministerpräsidenten Söder und Kretschmann dazu, die sich weigern, geltende Luftreinhaltungsgesetze einzuhalten? Die sogar die Umsetzung von Gerichtsurteilen verweigern, wenn sie den Interessen der Autolobby widersprechen?

Beispiel Konsumindustrie

Am 4. März 2021 diskutierte Bundesumweltministerin Svenja Schulze öffentlich im Rahmen der Reihe »Wir schafft Wunder« mit einer Vertreterin der Beiersdorf AG über folgende Frage: Wie sensibilisieren wir die Verbraucher*innen für einen bewussteren Umgang mit überflüssigen Verpackungen und Wegwerfprodukten? Wäre es nicht eigentlich die Aufgabe der Bundesumweltministerin, diesen Unsinn zu verbieten? Läge es nicht in der Verantwortung der Beiersdorf AG, diese erst gar nicht in Umlauf zu bringen? Stattdessen stellten sie sich zusammen auf die Bühne und schoben die Schuld für den Verpackungsirrsinn den Bürger*innen zu. Unsere Parlamente und Regierungen müssen dafür sorgen, dass die großen Infrastrukturen unserer Gesellschaft das Wohl der Allgemeinheit fördern und es den Bürger*innen leicht machen, ein nachhaltiges oder sogar regeneratives Leben zu führen. Nicht umgekehrt.

Beispiel Landwirtschaft

Wie für Energie- und Automobilkonzerne ist die Bundesregierung auch für Fleischbarone wie den Milliardär Tönnies bereit, Gesetze zu brechen. Bis 1993 (!) hätte die Nitratrichtlinie der EU in Deutschland umgesetzt werden müssen. Fast 30 Jahre später ist sie das immer noch nicht. Deshalb gehört das Grundwasser in

Deutschland zu den verseuchtesten in Europa. Und so zahlen Hunderttausende Bürger*innen weit erhöhte Trinkwassergebühren. Die EU droht nun, Strafen zu verhängen. Absurderweise will sie aber nicht die verantwortlichen Politiker*innen zu Geld- und Freiheitsstrafen wegen Untätigkeit, Sabotage, Vorteilsgewährung, Körperverletzung oder Angriffs auf die rechtsstaatliche Grundordnung der Bundesrepublik verdonnern. Nein, wenn überhaupt, dann wird es ein Strafgeld geben, das von den deutschen Steuerzahlenden getragen werden wird. Also von denen, die jetzt schon gesundheitlich und finanziell unter der Situation zu leiden haben.

Beispiel Corona

Im Juni 2020 bezahlte die Bundesregierung neun Milliarden Euro für einen zwanzigprozentigen Anteil an der Lufthansa. Die komplette Lufthansa war zu diesem Zeitpunkt allerdings weniger als vier Milliarden Euro wert.[52] Profitiert hat davon insbesondere der mittlerweile verstorbene Milliardär und Lufthansa-Großaktionär Heinz Thiele. Dieser hatte kurz vorher seinen Anteil drastisch erhöht. In einer Marktwirtschaft hätten er und andere Aktionäre ihr Geld verloren, und die Lufthansa würde mit neuen Eigentümern gestärkt aus einer Insolvenz herausgehen. Stattdessen profitieren Thieles Erben nun von den Staatsgeldern.

Die Bundesregierung unterstützt des Weiteren Automobilkonzerne wie Daimler oder BMW mit Milliarden Steuergeldern,[53] die diese Konzerne dann über Dividenden an ihre Aktionäre ausschütten, allen voran an die Milliardärsfamilie Quandt/Klatten, den Erbmonarchen von Kuwait, die Kommunistische Partei Chinas und einen chinesischen Milliardär.

Darüber hinaus finanziert die Bundesregierung zwar die Entwicklung von Impfstoffen, lässt diese dann aber nicht global unter Lizenz produzieren. So erlaubt sie einigen Pharmakonzernen, ihre

Profite zu maximieren. Allerdings nimmt sie dafür in Kauf, dass dadurch Zigtausende von Menschen sterben, Hunderttausende ihre wirtschaftliche Basis verlieren. Die gesamtwirtschaftlichen Schäden sind astronomisch. Mittlerweile fordert auch das EU-Parlament in diesem Fall die Lockerung des Patentschutzes. Geradezu niedlich wirkt dagegen Spahns Milliardengeschenk an die Apotheker. Statt Masken für einen Euro zu kaufen und per Postwurfsendung an alle Bürger*innen verteilen zu lassen, ließ er sie nur an bestimmte Gruppen ausgeben und diese von den Steuerzahlenden mit einem Preis von sechs Euro bezahlen.[54]

Beispiel Cum-Ex

Auch den Fall »Cum-Ex« sollte man wohl als bandenmäßig organisierte Kriminalität bezeichnen, wobei einflussreiche Teile von Politik und öffentlicher Verwaltung wieder Teil der Bande zu sein scheinen. Seit 2002 ergaunerten sich Betrüger Rückerstattungen von Umsatzsteuern, die sie nie gezahlt hatten. Die Größenordnung liegt bei über 100 Milliarden Euro. Die Gesetze, die das ermöglicht haben, wurden von Mitarbeiter*innen einer Großbank geschrieben, die von der Bank für diesen Zweck im Bundesfinanzministerium platziert worden waren.[55] Das scheint allerdings gar nicht ungewöhnlich zu sein. Seit Jahren stellen Großkonzerne Mitarbeiter*innen für Bundesministerien ab, die dort an vorderster Front an Gesetzesinitiativen mitarbeiten. Beamte, die auf die Missstände hinweisen, werden kaltgestellt. Und der Justiz werden die Mittel vorenthalten, diese Fälle zu verfolgen. Daher drohen viele von ihnen zu verjähren. Bis heute sind keine wirksamen rechtlichen Regelungen getroffen, um das zu unterbinden.

Die Finanzindustrie ist natürlich auch über den Cum-Ex-Skandal hinaus aktiv: Geldschöpfungsprivileg, Riester-Rente, Honoraranlagenvermittlung, Wirecard. Die Themen sind zahlreich. Noch zahlreicher sind die Lobbyvertreter. Unglaubliche 1.500 Lobbyisten mit einem Jahresbudget von astronomischen 200 Millionen Euro stehen gerade einmal 41 Abgeordneten im Finanzausschuss des Deutschen Bundestags entgegen. Ein Verhältnis von 36:1.[56]

Ausverkauf und Übergabe

Wir müssen zunehmend mitansehen, wie selbst unsere staatlichen Symbole in den Dienst von Kommerz und Konzernnutzen gestellt werden. Darüber hinaus überlässt die Politik Konzernen und Milliardären zunehmend die Möglichkeit, staatliches Handeln nicht nur im Dunkeln, sondern vor unseren Augen zu bestimmen. Wir unterwerfen unsere Rechtssysteme sogar den Privatgerichten der Multis und deren Gesetzen. Dazu einige Beispiele:

Wie kann es sein, dass wir Nationalmannschaften Werbung für Privatunternehmen machen lassen? Noch dazu für einen Autohersteller. Oder, dass wir mitansehen, wie die EU-Ratspräsidentschaft 2021 offiziell von einem Getränkekonzern gesponsort wird? So wie die von Österreich 2018 durch Audi oder die von Bulgarien von BMW.[57]

Wie konnte man es zulassen, dass sich eine Gruppe von Milliardären und Großkonzernen vermittels der United Nations Foundation bei den Vereinten Nationen einkauft? Anfangs noch mit eigenem Geld. Dann haben sie das Kunststück fertiggebracht, Regierungen dazu zu bringen, Steuerzahler*innengelder nicht direkt an die UN, sondern erst einmal an private, unternehmensnahe Stiftungen zu zahlen. Diese Stiftungen leiten das Geld dann nach Belieben weiter und stellen sicher, dass die UN sich beim Geldausgeben nach den eigenen Vorlieben richtet.[58]

Nicht vergessen sollten wir die sogenannten internationalen Handelsabkommen, mit denen wir gezwungen werden, wesentliche rechtsstaatliche Errungenschaften preiszugeben. Nationale Gesetzgebung wird ausgehebelt, auf eigene Gesetzgebungskompetenzen wird verzichtet, und die nationalen Gerichte verlieren ihre Kompetenz. Stattdessen verhandeln Anwaltskanzleien in Privatgerichten. Die Ergebnisse akzeptieren wir als bindend. Gegen TTIP gingen deshalb Millionen von Europäer*innen auf die Straße. Durchgesetzt wurden diese Prinzipien über den Umweg CETA trotzdem. Dazu kommen dann JEFTA, TiSA und natürlich das EU-Mercusor-Abkommen.[59] Der Energiechartavertrag droht die Energiewende weiter zu verzögern durch Milliardenklagen von Energiekonzernen, die vor ordentlichen Gerichten in unseren Rechtssystemen gar nicht denkbar wären.[60] Das deutsche Rechtssystem kennt kein Recht auf Gewinn. Ersetzt wird nur ein tatsächlich erlittener Schaden. Kein deutsches Gericht käme auf den Gedanken, für das Abschalten einer seit Jahren abgeschriebenen Braunkohleverbrennungsanlage irgendwelche hypothetischen Gewinne erstatten zu lassen. Die Regierungen aber, die diese internationalen Verträge unterschreiben, geben Konzernen die Möglichkeit, sich ein eigenes Recht zu schaffen, es über die unseres demokratischen Rechtsstaats zu stellen und vor internationalen Privatgerichten durchzusetzen.

Bei dem zentralen Projekt der EU-Kommission, dem Green New Deal, spielt die klimataugliche Regulierung der Finanzindustrie natürlich eine ganz zentrale Rolle. Für welche Industrien und in welchen Grenzen dürfen Banken ihr Privileg nutzen, neues Geld zu schöpfen? Für welche nicht mehr? Ich hätte gedacht, dass die Kommission mit ihren immerhin 32.000 Mitarbeitenden gut genug aufgestellt wäre, dies selbst zu entscheiden. Wenn sie das denn wirklich auslagern müsste, dann doch sicherlich an eine oder mehrere der gemeinwohlorientierten Organisationen, die seit Jahrzehnten an diesen Themen arbeiten und dabei das Wohl der Allgemeinheit im Sinn haben. Aber nein, die EU-Kommission beauftragt BlackRock damit, eine Regulierung zu entwerfen. BlackRock ist mit 7,4 Billionen US-Dollar der größte Investor der Welt. Der Konzern gehört bei den acht größten Ölkonzernen der Welt zu den Top drei Anteilseignern, bei den zwölf wichtigsten Banken zu den Top zehn.[61] Sein Wahlrecht als Großaktionär auf den Hauptversammlungen hat BlackRock größtenteils eingesetzt, um progressive Vorschläge zu blockieren. Nur in 23 Prozent der Fälle wurden Forderungen nach Klimareporting unterstützt. In 77 Prozent der Fälle also nicht. Von eigenen Vorschlägen ist nichts bekannt. Blackrocks CEO Larry Fink schreibt in seinen öffentlichen Briefen an die CEOs seiner Beteiligungen, wie wichtig Nachhaltigkeit für ihn sei. In den vertraulichen Schreiben steht dann aber, worum es wirklich geht: Rendite für BlackRock.[62] Wie konnte man sich ausgerechnet diesen Konzern dafür aussuchen, einen Vorschlag für die grüne Regulierung von Banken vorzulegen? Die wichtigsten Regulierungen werden an diejenigen »outgesourced«, die eigentlich reguliert werden sollen. Gerade an dieser Stelle wird es so eindeutig, welche unglaubliche Macht die Lobbyisten haben. Wie sie es sind, die den Lauf der Dinge bestimmen, nicht etwa irgendwelche Gemeinwohlüberlegungen, Bürger*inneninteressen oder der parlamentarische Wettstreit. Anders als beim Cum-Ex-Skandal wurden von den Unternehmen hier nicht einmal »Maulwürfe« eingeschleust. Es geschieht für uns alle sichtbar. Dass BlackRock es geschafft hat, dafür auch noch aus Steuergeldern bezahlt zu werden, setzt dem Ganzen die Krone auf. Ein Meisterstück. Dieser Konzern hat die politische Beeinflussung perfektioniert.

Demokratie in homöopathischen Dosen

Nehmen wir noch mal das Beispiel der Klimaregulierung von Banken in der EU. Hier wird der Entwurf ja nicht direkt von den Bürger*innen entwickelt, z. B. durch einen Bürger*innenrat. Nein, mit der Erstellung des Entwurfs wurde der BlackRock-Konzern beauftragt. Diese Beauftragung erfolgte aber auch nicht demokratisch und direkt durch die europäischen Bürger*innen, sondern durch die EU-Kommission. Auch diese wurde weder gewählt noch repräsentativ gelost. Sie wurde im Wesentlichen durch die Regierungschefs der EU-Mitgliedsstaaten bestimmt. Auch diese sind, zumindest im Falle Deutschlands, nicht von den Bürger*innen gewählt worden, sondern von der Mehrheit der Parlamentarier. Und selbst diese Parlamentarier wurden nur sehr indirekt von den Bürger*innen gewählt: Im Fall Deutschlands wurde die Hälfte von ihnen durch die Parteien über die Landeslisten festgelegt. Verbleibt noch die andere Hälfte, die als Direktkandidat*innen in den Bundestag einzieht. Ja, zumindest diese wurden tatsächlich persönlich gewählt. Allerdings waren die Optionen auch hier sehr spärlich: zwei, maximal drei Kandidat*innen, die de facto eine Chance auf den Sieg haben und die auch wiederum vorher von den Parteien ausgewählt wurden.

In der Homoöpathie spricht man bei dieser Form der stetigen Verdünnung von »Potenzen«. Alle relevanten politischen Entscheidungen in unseren Gesellschaften finden in homoöpathischen Dosen statt. Die Klimaregulierung von Banken in der EU in ungefähr der sechsten Potenz.

Laut Wikipedia beruht die wahrgenommene Wirkung homöopathischer Behandlungen nach heutigem Erkenntnisstand auf psychologisch erklärbaren Placeboeffekten. Ich gewinne zunehmend den Eindruck, dass mein demokratisches Wohlgefühl der Vergangenheit wohl auch auf psychologisch erklärbaren Placeboeffekten beruht hat. Dabei will ich nicht unfair sein: Ich lebe in einem Land, in dem ich meine Meinung frei äußern und alle vier bis fünf Jahre zwischen einer Handvoll Parteien und von denen ausgewählten Kandidat*innen wählen kann. Das ist ja schon mal viel besser, als in einer Diktatur zu leben. Ich bin den mutigen Menschen, die dafür jahrhundertelang mal mehr und mal weniger erfolgreich gekämpft haben, wirklich dankbar. Und deshalb ist es jetzt an uns, das demokratische Projekt weiterzuführen und eine neue Etage draufzusetzen. Mit einmal Überstreichen ist es nicht getan.

Mangelnde Gewaltenteilung

Die Gewaltenteilung ist das vielleicht wichtigste Prinzip einer rechtsstaatlichen Verfassung. Durch die Verteilung der Staatsgewalt auf mehrere Staatsorgane wird die Macht einzelner Organe beschränkt, ihre gegenseitige Kontrolle ermöglicht. Dabei gehören insbesondere die Gesetzgebung, die ausführende Gewalt und die Rechtsprechung voneinander getrennt. Und selbstverständlich herrscht in Deutschland Gewaltenteilung, so steht es im Grundgesetz. Schließlich haben wir eine unabhängige Bundesregierung, einen unabhängigen Bundestag und unabhängige Gerichte.

Doch ganz so klar ist das leider nicht. Die Gerichtsbarkeit ist von der Exekutive beeinflusst, da Richter*innen von den Justizminister*innen ernannt und befördert werden, die Gerichte für ihre Finanzierung auf die Justizministerien angewiesen und die Staatsanwaltschaften sogar komplett weisungsgebunden sind. Die Exekutive und die Legislative wiederum werden beide von der gleichen Gruppe von Menschen geführt, nämlich den Führungszirkeln der Parteien. Darüber gibt es auch gar keinen Dissens. Die Bundeszentrale für politische Bildung listet reihenweise Schriftstücke auf, in denen Bundespräsidenten, Bundesverfassungsgerichtspräsidenten und führende Politikwissenschaftler*innen genau diese These vertreten. [63] Bundesregierung und Bundestag werden von den gleichen Parteien kontrolliert. Nahezu alle Regierungsmitglieder sind gleichzeitig Abgeordnete. Die Führung von Partei, Fraktion und Regierung entstammt häufig einem kleinen Zirkel der Parteiführung.

Vorschläge für die Behebung dieses elementaren Missstands bleibt die Bundeszentrale allerdings schuldig. Sie erklärt Alternativen zum heutigen System für »nicht realisierbar«. Das erinnert an »alternativlos«. Und sie unternimmt geradezu atemberaubende Klimmzüge, um uns einzureden, dass diese Gewaltenballung von Exekutive und Legislative ja eigentlich gar nicht so schlimm sei. Denn zum Glück gebe es in der Legislative ja noch eine Opposition. Die kann zwar vier Jahre lang nichts machen. Aber dann seien ja Wahlen.

Das ist ein etwas dürftiges Anspruchsniveau. Echte Demokratie kann mehr. Unsere Vorfahren haben sich ja auch nicht mit dem Primat des Kaisers abgefunden. Und wir werden uns nicht mit dem Primat der Parteien abfinden, mit einem »Totalitarismus« im vierjährlichen Machthaberwechsel – so spitzt der Rechtswissenschaftler Detlef Merten die Tendenz der Gewaltenvereinigung bei den Parteien zu.[64]

Darüber hinaus wird hier aber ein fundamentaler logischer Fehler gemacht. Es wird so getan, als wären Regierungs- und Oppositionsparteien immer Gegner. Tatsächlich bin ich mir da nicht so sicher. Mir scheinen Parteien und die Abgeordneten viel zu häufig in einem Boot zu sitzen, insbesondere dann, wenn es darum geht, ihre Pfründe zu verteidigen. Wen soll ich denn wählen, wenn ich der Meinung bin, dass

- Abgeordnete sich ausschließlich der Wahrnehmung ihres Mandats widmen sollen;
- Parlamentarier*innen keine wie auch immer bezeichneten Zahlungen von Dritten bekommen sollen, abgesehen von Kleinstspenden durch Bürger*innen;
- die stetig wachsende Anzahl der Abgeordneten endlich wieder zurückgefahren werden muss;
- die Explosion der Zahlungen an die politischen Stiftungen der Parteien gestoppt und dann zurückgefahren werden muss;

- die Wahlkampfkostenpauschale an die Parteien pro erhaltener Stimme nicht in dem Maße steigen darf, wie die Wahlbeteiligung abnimmt;[65]
- sich auch Parteien ausnahmslos über Kleinstspenden von Bürger*innen finanzieren sollen und sich Unternehmen und Superreiche eben keinen Einfluss mehr kaufen dürfen;
- Karenzzeiten und Transparenzverpflichtungen das Papier nicht wert sind, auf dem sie stehen, solange Verstöße keine Sanktionen nach sich ziehen;
- wir statt Ehrenkodizes endlich ein ordentliches Abgeordnetenstrafrecht brauchen?

Wenn es um den zentralen Punkt von Korruption und politischer Einflussnahme durch Konzerne und Milliardäre geht, dann verlaufen die Grenzen allzu oft nicht zwischen den Parteien, sondern zwischen den Parteien und den Wähler*innen. In diesem für eine Demokratie existenziellen Punkt hilft nur harte Gewaltenteilung.

Unsere Vorfahren haben die Monarchie durch die Demokratie ersetzt, obwohl sie ja auch auf einen wohlmeinenden Monarchen hoffen konnten, vielleicht in manchen Fällen sogar gar nicht schlecht regiert wurden. Und so werden wir die aktuelle Parteienherrschaft durch eine höhere Form der Demokratie ersetzen, obwohl man ja auch auf Parteien hoffen könnte, die ihr Übermaß an Macht nicht ausnutzen. Es kann nicht sein, dass Politiker*innen selbst darüber bestimmen, ob sie es sich gestatten, statt ihren Abgeordnetenpflichten lieber einer zusätzlich bezahlten Arbeit nachzugehen. Es kann nicht sein, dass sie es sich selbst gestatten, Tätigkeiten nachzugehen, die zwar keinen hohen Zeitaufwand erfordern, aber dafür aus interessierten Unternehmenskreisen trotzdem fürstlich vergütet werden. Es kann nicht sein, dass sie selbst entscheiden, ob man so etwas dann als Korruption bezeichnen darf oder muss. Es kann nicht sein, dass sie selbst das Maß an Transparenz gegenüber der Öffentlichkeit oder die Sanktionen für Verstöße gegen diese selbst erlassenen Regeln bestimmen.

Der CSU-Abgeordnete Max Straubinger beispielsweise konnte neun Jahre lang gegen die ohnehin schon viel zu laschen Transparenzrichtlinien des Bundestags verstoßen, ohne irgendwelche Konsequenzen zu spüren. Versuchen Sie das mal mit Ihrer Steuererklärung! Erst nach Nachforschungen von Abgeordnetenwatch wurde die Bundestagsverwaltung überhaupt aktiv und Straubinger »öffentlich gerügt«.[66] Mehr nicht. Das ist ein Ausdruck der Arroganz ungeteilter Macht, die sich zum eigenen Vorteil über die grundlegenden Prinzipien von Fairness, Rechtsstaatlichkeit und Verantwortung hinwegsetzt. Und der Fall Straubinger ist kein Einzelfall. Bundestagspräsident Schäuble verweigert immer noch jegliche Auskunft über den Umfang und die Ergebnisse interner Kontrollen. Ein rechtswidriger Vorgang, wie das Verwaltungsgericht Berlin feststellte.[67] Solche Zustände sind eines Rechtsstaats unwürdig. Es herrscht Willkür in einem rechtsfreien Raum, frei von Opposition oder effektiver Kontrolle.

Die Abgeordneten legen auch ihre Gehälter, Spesenbudgets und steuerfreien Zahlungen selbst fest. Sie machen auch selbst miteinander aus, wie viele es von ihnen überhaupt geben soll. Und so hat sich ihre Zahl im Bundestag zwischen 1949 und 2017 um 40 Prozent erhöht. Die zusätzlichen Abgeordneten durch die Wiedervereinigung sind dabei herausgerechnet. Ebenso ist nicht berücksichtigt, dass viele Kompetenzen an die Europäische Union übergegangen sind.

Und auch die Hoffnung, dass die Opposition im Parlament die Regierung kontrollieren würde, weil sie durch Aufzeigen von Missständen deren Wiederwahl gefährden könnte, ist illusorisch. Nehmen wir als Beispiel Bundesverkehrsminister Scheuer. Dieser missachtet in geradezu erstaunlicher Weise sowohl Parlament als auch geltendes Recht. Geschadet hat es ihm bisher nicht. Zwar leistet die Opposition im Bundestag hier viel nützliche Aufklärungsarbeit. Aber soll ich sie deshalb wählen? Gibt es eine Partei, der zuzutrauen wäre, ihre Nullen vorzeitig aus der Regierungsverantwortung zu entfernen? Das kommt praktisch nicht vor. Zu groß sind die Verstrickungen in Gefälligkeiten und Abhängigkeiten, zu groß ist die Angst vor öffentlicher Blamage.

Solche rechtsfreien Räume haben sich die Parteien nicht nur in den Parlamenten geschaffen, sondern auch in der Exekutive. Die Mitglieder der Bundesregierung beispielsweise legen für sich selbst in einer Karenzregelung fest, ob und ab wann sie nach ihrer Amtszeit für die Firmen arbeiten dürfen, denen sie in ihrer Amtszeit gegebenenfalls massive Vorteile verschafft haben. Sanktionen gibt es bei Verstößen wieder keine. Man setzt auf freiwillige Selbstkontrolle. Ein grotesker Zustand, der sogar den Protest des Europarates hervorgerufen hat.[68]

Durch ihre Kontrolle von Bundesregierung und Parlament bestimmen die Parteien zudem, wie viele Mittel sie sich aus Steuergeldern zukommen lassen. 2017 waren es allein 600 Millionen Euro, die Parteien an ihre Stiftungen auszahlen ließen – verteilt über mehrere Ministerien, wohl um weniger aufzufallen. Der Bund der Steuerzahler spricht in diesem Zusammenhang von einem »rechtsfreien Raum«.[69] Hinzu kommt eine Zahlung für jede Stimme, die die Parteien bei Wahlen bekommen hat. Sind die Wähler*innen so von den Parteien enttäuscht, dass sie nicht einmal mehr zur Wahl gehen, ist das für die Parteien kein Problem. Sie erhöhen kurzerhand die Pauschale. Mit dem Mittel des Bundestagswahlrechts können die Parteien auch bestimmen, welche Hürden lästige Konkurrenzparteien überspringen müssen, um in die Parlamente zu kommen. Sie haben auch kein Interesse an Alternativstimmen, die

Wähler*innen von Kleinparteien für den Fall des Scheiterns an der Fünfprozenthürde vergeben könnten. Noch mehr Geld schustern sich die größeren Parteien über den Umweg ihrer Stiftungen zu. Dafür haben sie im Parteiengesetz ihre Aufgaben weit über die vom Grundgesetz vorgesehene Rolle hinaus definiert. In diesem Zusammenhang meinte der frühere Bundespräsident Richard von Weizsäcker: Beim Vergleich der tatsächlichen Entwicklung mit dem Grundgesetz kommen »dem einen die Tränen der Rührung, und bei anderen schwellen die Zornesadern«.[70]

Des Weiteren nutzen die Regierungsparteien die öffentliche Verwaltung systematisch als Selbstbedienungsladen für sich selbst und ihre Vetternwirtschaftsnetzwerke. Erst kurz vor Ende der Legislaturperiode hat die Bundesregierung noch mal schnell 71 zusätzliche Beamtenstellen mit Spitzenbesoldung geschaffen. Für altverdiente Kader. Ein gut für alle Parlamentarier*innen sichtbarer Hinweis, dass jahrelange Willfährigkeit sich auszahlen kann. Bloß nicht aufmucken.[71]

Auch die rechtsprechende Gewalt ist alles andere als unabhängig vom Einfluss der Exekutive und der Parteiführungen. Die Richter*innen werden zum Beispiel in der Regel von den Justizminister*innen ernannt und befördert. Und so stellt das Verwaltungsgericht Wiesbaden dem Europäischen Gerichtshof denn auch die Frage, ob es selbst wirklich ein unabhängiges Gericht sei. Der ehemalige Richter des Bundesverfassungsgerichts Ernst-Wolfgang Böckenförde spricht bei der Besetzung der obersten Gerichte explizit von »Parteipatronage« und »personeller Machtausdehnung der Parteien«.[72]

Die Justizminister*innen sind es auch, die den Gerichten und den Staatsanwaltschaften ihre Budgets verschaffen. Die Staatsanwält*innen sind sogar explizit weisungsgebunden. Ob die Vergehen von Politiker*innen und reichen Gönner*innen verfolgt werden, ist also letztlich eine Entscheidung der Exekutive. Und der Mittel, die sie den Staatsanwaltschaften zubilligen. Daher verfügten diese über Jahre nicht über genug Ressourcen, um den Cum-Ex-Skandal gründlich aufzuarbeiten, und so drohen viele Fälle zu verjähren. Wäre in einer anderen Gemengelage die Leuna-Korruptionsaffäre besser aufbereitet worden? Wäre Helmut Kohl wegen illegaler Parteienfinanzierung angeklagt worden?

Im Falle des NSU-Skandals kamen ordentliche Gerichte kaum zum Zug. Gerade einmal fünf Personen wurden im NSU-Prozess am Oberlandesgericht München angeklagt. Die Hintermänner und Unterstützer*innen der Mörder werden hingegen vielleicht niemals vor einem Gericht landen, denn die Akten des hessischen Verfassungsschutzes zum NSU-Komplex etwa sollten sage und schreibe 120 Jahre unter Verschluss bleiben – so war es der Wille der Regierungsfraktionen. Die Frist wurde nun immerhin auf 30 Jahre herabgesenkt.[73] Der Rechtsstaat kann so durch die Parteienherrschaft ausgehebelt werden. Die verantwortlichen Parteispitzen sowie die Menschen, die sie decken, können sich über das Recht stellen. Wie in einer Autokratie.

Und auch die vierte Gewalt kontrollieren die Parteien in einem gewissen Maße – durch ihren Einfluss auf die öffentlich-rechtlichen Medien. Dabei hat das Bundesverfassungsgericht 2014 diesen Einfluss schon reduziert. Auslöser war die Entlassung von ZDF-Chefredakteur Brender durch den überwiegend mit Unionspolitiker*innen besetzten Verwaltungsrat des Senders. Brender hatte sich über die regelmäßigen Versuche der Einflussnahme durch Politiker*innen beschwert. Nach dem Urteil dürfen nur noch maximal 30 Prozent der Fernsehratsmitglieder »staatsnah« sein. Tatsächlich sind es aber immer noch viel mehr. Sie sitzen dann eben unter einem anderen Label dort. Aus dem ehemaligen Ministerpräsidenten des Saarlandes, Reinhardt Klimmt, wird dann zum Beispiel ein Vertreter von

Kunst und Kultur.[74] Man darf es durchaus dreist nennen, wie sich hier über ein Urteil des höchsten Gerichts hinweggesetzt wird.

In der Praxis sind wir also weit entfernt von dem Ideal der Gewaltenteilung und selbst dem, was wir in dieser Richtung für selbstverständlich halten. Die Parteiführungen beherrschen de facto sowohl Parlamente als auch die Regierungen. Selbst ihr Einfluss auf die Rechtsprechung ist groß, ebenso wie auf die staatlichen Medien. Und sie bestimmen selbst und ohne effektive Kontrolle die Regeln, die ihr eigenes Arbeiten regulieren sollen. Das ist immer noch viel besser, als in einer Diktatur oder Monarchie zu leben. Dafür können wir dankbar sein. Zufriedengeben sollten wir uns damit nicht.

Die sogenannte Mehrheit

Amtsträger*innen erklären ja immer wieder gern, dass sie den Willen der Mehrheit verträten und durch diesen legitimiert seien. Das ist bei näherem Hinsehen aber ganz und gar nicht so.

Da sind zuerst einmal die unter 18-Jährigen, die von den Folgen der politischen Entscheidungen insbesondere im Hinblick auf den Klimakollaps besonders betroffen sind, aber keine Stimme haben. Nicht einmal ihre Eltern, die ja in aller möglichen Hinsicht für ihre Kinder entscheiden müssen, können in unserer aktuellen Demokratieversion das Wahlrecht für ihre Kinder wahrnehmen. Dabei umfasst die Gruppe der unter 18-Jährigen in Deutschland fast 20 Prozent, wäre angesichts der knappen Mehrheiten also absolut wahlentscheidend. Die Politik in Deutschland sähe mit Sicherheit erheblich anders aus, wenn sie die Interessen der Erwachsenen von morgen berücksichtigen müsste, weil deren Eltern heute schon das Wahlrecht für sie ausüben.

Dann sind da noch die Nichtwähler*innen – bei Bundestagswahlen ungefähr ein Viertel der Wähler*innen, bei Landtagswahlen um die 40 Prozent, bei Europawahlen nicht selten mehr als 50 Prozent.[75] In vielen Fällen sind die Nichtwähler*innen also die größte Gruppe, zahlenmäßig mehr als die Wähler*innen der größten Partei. Warum werden die entsprechenden Parlamentsmandate nicht per Los vergeben? Ausgelost aus der Gruppe aller Bürger*innen mit aktivem Wahlrecht? Oder warum bleiben diese Mandate nicht wenigstens unbesetzt? Dürfen sich die Wahlberechtigten nicht dafür entscheiden, keinen der hochgradig vorselektierten Kandidat*innen im Parlament haben zu wollen? Hier ist es den Parteien gelungen, ein sehr gesundes Korrektiv auszuschalten. Wenn plötzlich 25–50 Prozent der Abgeordneten um ihren Wiedereinzug bangen müssten, dann würden sie wahrscheinlich anfangen, Druck auf die Parteiführungen auszuüben, um echte Veränderungen zu bewirken.

Dann gibt es noch die Gruppe der Wähler*innen, die eine »sonstige« Partei gewählt haben. Bei den Bundestagswahlen 2013 waren das immerhin über 15 Prozent. Doppelt so viele, wie CSU, DIE LINKE oder DIE GRÜNEN gewählt haben.[76] Die Bedeutung dieser Gruppe ist gar nicht zu überschätzen. Auch diese Gruppe wäre absolut wahlbestimmend, wenn ihre Stimmen denn gezählt würden. Hier haben es die etablierten Parteien geschafft, sich durch einen Trick Wettbewerb vom Hals zu halten. Das Argument, dass eine Fünfprozenthürde notwendig sei, um eine Zersplitterung zu vermeiden und die Handlungsfähigkeit des Parlaments zu garantieren, ist dabei nur vorgeschoben. Denn man könnte dann ja zumindest Ersatz- oder Alternativstimmen einführen. Diese Wahl gilt dann für den Fall, dass die erste Wahl für eine Partei war, die nicht ins Parlament eingezogen ist. Mit Sicherheit würden dann auch viel mehr Wähler*innen »sonstige Parteien« wählen. Der politische Wettbewerb wäre plötzlich drastisch erhöht. Die etablierten Parteien könnten sich weniger auf dem Mangel an Alternativen ausruhen. Wie viele Menschen hätten 2021 bei den Landtagswahlen in

Baden-Württemberg die Klimaliste gewählt, wenn sie Gewissheit gehabt hätten, dass bei deren Scheitern die Stimme an die Grünen gegangen wäre? Wenn sie nicht Angst gehabt hätten, das Zünglein an der Waage zu sein, dass dem Land wieder eine CDU-Regierung beschert? Plötzlich wäre die Klimaliste im Landtag, und die Grünen stünden unter Druck, nach zehn Jahren endlich z. B. die EnBW von der Global Coal Exit List zu holen oder das AKW Neckarwestheim 2 mit über 300 rissbehafteten Rohren vorläufig stillzulegen.

Jede der drei Gruppen Nichtwahlberechtigte, Nichtwähler*innen und Wähler*innen der sonstigen Parteien wäre für sich genommen bei den knappen Mehrheitsverhältnissen schon wahlbestimmend. Gemeinsam dürften sie in der Regel die absolute Mehrheit stellen. Die angebliche Mehrheit ist de facto nur eine Minderheit. Die echte Mehrheit wird mit Wettbewerbsschranken durch die etablierten Parteien von der demokratischen Willensbildung ferngehalten.

Scheinwahl und Wahlschein

In Deutschland wird immerhin eine der drei Gewalten, nämlich das Parlament, von den Bürger*innen gewählt. Das Parlament erarbeitet und erlässt dann die Gesetze. Die Regierung führt diese als Exekutive aus. So die Theorie, so das Konzept der Gewaltenteilung als fundamentalem Prinzip eines demokratischen Rechtsstaats.

Die Praxis sieht in geradezu erschreckender Weise anders aus: In seiner 18. Wahlperiode hat der Bundestag zwischen 2013 und 2017 insgesamt 555 Gesetze und Vorlagen beschlossen. Davon wurden aber 488 eben nicht vom Bundestag erarbeitet und dann der Regierung zur Ausführung übergeben, sondern umgekehrt von der Bundesregierung erstellt und dann zum Abnicken an den Bundestag überwiesen. Das sind 88 Prozent aller Gesetzesinitiativen. Zieht man von der Gesamtheit noch die Initiativen des Bundesrats, also der Regierungen der Bundesländer, ab, dann verbleiben gerade einmal 52 oder 9 Prozent der Gesetze, die tatsächlich vom Bundestag erarbeitet wurden. Die allermeisten davon wurden übrigens von den Regierungsfraktionen im Alleingang verabschiedet. Ein lebendiges Parlament mit einem konstruktiven Wettstreit der Ideen, wie es uns gern suggeriert wird, hat es in diesen vier Jahren nur in sechs Fällen gegeben. Das ist gerade mal ein Prozent der gesetzgeberischen Leistung in dieser Zeit.[77]

Wie kommt es, dass sich das Parlament so das Heft aus der Hand nehmen lässt? Der Grund dafür liegt in der Macht der Parteiführungen, die Legislative und Exekutive kontrollieren. Insbesondere nutzen sie dazu zwei Hilfsmittel: Fraktionszwang und Koalitionsverträge.

Fraktionszwang heißt, dass die Abgeordneten einer Fraktion immer so abstimmen müssen, wie es ihnen die Fraktionsspitze vorgibt. Sonst drohen ihnen Sanktionen. Dieses Vorgehen ist eindeutig verfassungswidrig, denn nach dem Grundgesetz sollen Abgeordnete nicht an Aufträge und Weisungen gebunden und nur ihrem Gewissen verpflichtet sein. Nichtsdestotrotz ist Fraktionszwang die herrschende Praxis. Er ist sogar explizit im Koalitionsvertrag von 2017 festgeschrieben worden.[78] Und das nicht nur für die im Vertrag verhandelten Punkte, sondern für alle Abstimmungen. Er wurde sogar für eine einzige Abstimmung explizit von der Bundeskanzlerin aufgehoben, im Sommer 2017 bei der »Ehe für alle«.[79] Dass es dann sogar die Leitung der Exekutive ist, die für die Legislative den Fraktionszwang aufhebt, treibt das Ganze auf die Spitze. Die Regierung, die eigentlich vom Parlament beaufsichtigt werden sollte, gestattet es den Abgeordneten großzügig, ausnahmsweise mal so abzustimmen, wie sie wollen, und eben mal keine Vorgabe durch die Bundesregierung oder besser die Parteiführung zu bekommen. Hier sieht man ganz eindeutig, dass es die Parteiführungen sind, die unser Land beherrschen. Die gewählten Volksvertreter*innen, die wir ohnehin schon nur aus einer von den Parteien streng vorausgewählten Gruppe von Menschen auswählen durften, sind entmachtet. Sie nicken ab, was ihnen die Fraktionsspitze und tatsächlich die Bundesregierung vorgibt. Beide Gremien sind von den Parteiführungen besetzt.

Ein zweites machtvolles Mittel zur Kontrolle des Parlaments sind die Koalitionsverträge. Hier wird gleich zu Beginn von den Koalitionspartnern ein gesetzgeberisches Programm für die Legislaturperiode festgelegt. Für die Abgeordneten ist der Vertrag über den Fraktionszwang verbindlich. Warum wählen wir denn dann überhaupt über 700 Abgeordnete, wenn die Entscheidungen vorher von einer Handvoll von Menschen in den Koalitionsverhandlungen getroffen werden? Und wer sind die Menschen? Und, noch wichtiger, wer wählt diese Menschen aus?

Marco Bülow war 18 Jahre lang für die SPD im Bundestag und von 2009–2013 ihr energiepolitischer Sprecher. Unter seiner Führung erarbeitete die SPD damals ausschussübergreifend ein energiepolitisches Konzept. Es wurde von der SPD-Bundestagsfraktion fast einstimmig verabschiedet, ebenso mit großer Mehrheit auf dem Bundesparteitag. Bei den Koalitionsverhandlungen 2013 mit der CDU/CSU saß er aber gar nicht mit am Tisch. Keiner der mit der Erarbeitung des Konzepts betrauten Abgeordneten war bei den Verhandlungen dabei. Die Verhandlungsgruppe Energie wurde stattdessen von Hannelore Kraft geleitet. Die war aber nicht einmal Mitglied des Deutschen Bundestags. Sie hatte auch von Energiepolitik gar keine Ahnung, genoss aber das volle Vertrauen der fossilen Energielobby und der Parteiführung, die sie mit dieser Aufgabe betraute. Fünf der sechs weiteren Mitglieder der Verhandlungsgruppe gehörten ebenfalls nicht dem Bundestag, sondern der Parteiführung an. Inoffiziell mit am Tisch saß die Kohlelobby, womit ein Vattenfall-Vertreter sogar noch öffentlich angab. Das von den gewählten Volksvertretern und der Partei beschlossene Konzept spielte keine Rolle.[80] Kohlelobbypolitik statt Energiewende. Hannelore Kraft erhielt 2017 von den Konzerneignern einen Posten im Aufsichtsrat des Steinkohlekonzerns RAG.

Zusammengefasst ist es also folgendermaßen: Weit weniger als die Hälfte der Menschen in Deutschland wählen über 700 Abgeordnete aus einer streng vorselektierten Liste für vier Jahre, die dann das abnicken müssen, was eine kleine Gruppe von Parteiführern zu Beginn unter starkem Lobbyeinfluss ausgekungelt hat. Immer noch besser als Diktator, aber weit entfernt von den demokratischen Idealen, die wir öffentlich hochhalten, weit entfernt von den demokratischen Möglichkeiten und weit entfernt von den demokratischen Notwendigkeiten. In der Vergangenheit war das ärgerlich, mit dem Klimazusammenbruch wird es lebensgefährlich.

Die Ein-Thema-Demokratie

Nehmen wir an, dass ein Parlament in einer Legislaturperiode nur drei wichtige Entscheidungen treffen müsste. Nehmen wir darüber hinaus an, dass es für jede dieser Entscheidungen nur zwei Alternativen, ja (j) und nein (n), gäbe. Dann muss es mindestens zwei hoch drei, also acht, verschiedene Parteien geben, damit die Wahlberechtigten ihren Willen ausdrücken können: nnn, nnj, njn, njj, jnn, jnj, jjn, jjj. Gibt es weniger Parteien zur Auswahl, dann können einige Wähler*innen ihren vollen Willen nicht demokratisch vertreten lassen. Sie müssen sich dann entscheiden, was ihnen denn am wichtigsten ist, und daraufhin eine Partei wählen. In den Punkten, auf die der Wählende verzichten musste, ist es de facto die Partei, die die Entscheidungsmacht hat. Nehmen wir für unser Beispiel also an, es gäbe nur vier Parteien, die folgende Standpunkte versprechen: nnn, njn, jnn und jjj. Wähler*innen, die die erste und dritte Frage gern mit Ja entschieden hätten, müssen sich plötzlich entscheiden, welche der beiden ihnen wichtiger ist. Entscheiden sie sich für die dritte Frage, dann werden sie die Partei wählen, die jjj verspricht. Auch wenn sie eigentlich der Meinung sind, dass jnj richtig wäre. Die dritte Frage wird de facto also von einer Partei und nicht von der Wähler*in entschieden. Das sind 30 Prozent aller Fragen.

Wie sieht das nun in der Praxis aus? In der Legislaturperiode zwischen 2013 und 2017 verabschiedete der Bundestag mehr als 500 Gesetze und Beschlüsse. Zu jeder dieser Entscheidungen gab es natürlich eine fast unendliche Reihe von Vorschlägen und Optionen. Sagen wir der Einfachheit halber, es wären nur fünf. Es braucht also 5 hoch 500 Parteien, um jeden Wähler*innenwillen abzubilden. Diese Zahl hat 349 Nullen. Tatsächlich sind aber lediglich sechs Parteien im Bundestag vertreten. Die Wähler*innen müssen sich also für ein bis zwei Sachverhalte, die ihnen am wichtigsten sind, entscheiden, um danach eine Partei auszusuchen. Die anderen 498 Entscheidungen würden dann von den Parteien selbst getroffen werden können. Das sind mehr als 99 Prozent. Unser aktuelles demokratisches System schließt also per Design die Bürger*innen vom Großteil der Entscheidungen aus. Die Parteien müssen herausfinden, welches die ein bis zwei wahlbestimmenden Themen sind, und hier für ihre Zielgruppe die beste Lösung suggerieren. Den Rest entscheiden sie dann selbst.

Hinzu kommt dann noch, dass Parteien häufig ihre Wahlversprechen brechen. Selbst in zentralen Punkten. Dafür können sie derzeit nicht einmal zur Verantwortung gezogen werden.

Mangel an Transparenz

Transparenz und Information über das Handeln der öffentlichen Organe sind zwar nicht hinreichend für die wirksame Kontrolle staatlichen Handelns, aber natürlich absolut notwendig.

Über den Mangel an Transparenz, was den Einfluss von Unternehmen oder Lobbyisten betrifft, habe ich schon geschrieben. Abgeordnete und Parteien müssen nur unzureichend die Zuwendungen von interessierten Seiten darlegen. Die Bundestagsverwaltung versucht, das mangelnde Ausmaß, die Ergebnisse und den sicherlich unzureichenden Umfang der Sanktionen für Regelverstöße der Abgeordneten in diesem Zusammenhang zu verschleiern. Das alles betrifft die Selbstauskunftspflichten der Abgeordneten.

Noch relevantere Informationen wird man aber von dritter Seite erwarten. Dafür finanzieren wir Bürger*innen heute schon eine Reihe von staatlichen Institutionen, deren Aufgabe die Erfassung, Aufbereitung und Kommunikation von Informationen über unser Gemeinwesen und die öffentliche Hand ist. Allen voran wären das die öffentlichen Medienanstalten, der Bundesrechnungshof und das Bundesamt für Statistik. Bei allen dreien gibt es in Hinblick auf die Klimawende Verbesserungsbedarf.

Da wären zuerst einmal die öffentlichen Medien mit einem Jahresetat von acht Milliarden Euro, 25.000 Mitarbeiter*innen, 22 Fernseh- und 67 Rundfunkkanälen. Man wird ihnen sicherlich keine Verschleierung vorwerfen wollen. Aber ist der Einfluss der Politik selbst nach dem Urteil des Bundesverfassungsgerichts nicht immer noch zu groß? Denn nicht die einmalige Erwähnung, sondern die fortlaufende Berichterstattung und das Aufzeichnen von Zusammenhängen hat tatsächlich politische Konsequenzen. Das hat die Behandlung der Affäre um den ehemaligen Bundespräsidenten Christian Wulff gezeigt. Die Sendung »Börse vor acht«

zum Beispiel wirkt eher wie ein Werbeblock der Finanzindustrie. Ausgestrahlt noch vor der »Tagesschau«, die täglich von mehr als zehn Millionen Menschen angesehen wird, suggeriert sie zur besten Sendezeit eine zentrale Bedeutung des täglichen Auf und Abs der Börsennotierungen für unsere Gesellschaft. Was wäre, wenn wir »Börse vor acht« ersetzen würden durch »Korruption vor acht« oder »Klima vor acht«?

Im Sinne von »What gets measured gets done« brauchen wir für Politik und Öffentlichkeit auch ein anderes Informations- und Steuerungssystem. Das Statistische Bundesamt hat sich in den letzten Jahren zwar ein schickes Portal mit tollem Logo zugelegt; die Inhalte scheinen aber noch aus den 1980er-Jahren zu stammen: »Arbeitsmarkt« oder »Konjunkturprogramm« lauten die Schlagworte im »Dashboard Deutschland«. Im Kopf läuft Geier Sturzflug. Stattdessen wollen wir lieber wissen, wie die Umstellung der öffentlichen Fahrzeugflotte auf Elektromobilität vorangeht. Ob der Staat heimischen Ökostrom eingekauft oder den aus Oligarchengas. Welche Bürgermeister*innen haben es noch immer nicht geschafft, die Straßenbeleuchtung auf LED umzustellen, und schädigen so nicht nur die Umwelt, sondern schmeißen auch noch Steuergeld aus dem Fenster? Wie kommt die Umstellung der Schul- und Amtskantinen auf bio, regional und saisonal voran? Welches sind in puncto Klimawende die schnarchnasigsten Gemeinden, Bundesländer, Bürgermeister*innen? Oder vielleicht ein extra Dashboard zu korrupten Politiker*innen? Wie viel Geld bekommen sie durch Vernachlässigung ihrer Ämter, weil sie Zeit für andere Tätigkeiten aufwenden? Und wie viel Geld bekommen sie, ohne dafür Zeit aufzuwenden? Vielleicht mit Bestenliste wie bei den Torjägern der Bundesliga? Wer bricht den Rekord von Helmut Kohl, dem Gerd Müller der Korruption? Und welche Konzerne geben die besten Vorlagen?

Dass Transparenz allein aber nicht ausreichend ist, sieht man beim Bundesrechnungshof. Mit einem Jahresbudget von fast 170 Millionen Euro, über 1.000 Mitarbeitenden und weitgehend garantierter Unabhängigkeit leistet der Bundesrechnungshof seit Jahrzehnten einen großen Beitrag für die Transparenz staatlichen Handelns. Im Juli 2021 finden sich gleich auf der ersten Seite Links zu Sonderberichten mit Themen wie »Bund steuert Energiewende weiter unzureichend« oder »Fraktionsfinanzierung: lückenhafte Regeln, fehlende Sanktionen«. An anderer Stelle wird gerügt, dass bei fast jeder zweiten finanzwirksamen Entscheidung der Bundesverwaltung Nachhaltigkeitsaspekte nicht oder nicht angemessen berücksichtigt, dass einschlägige Regeln nicht angewendet und dass die Verwaltungsstellen ihrer Vorbildfunktion nicht nachkommen würden.[81] Leider bleiben solche geradezu erschreckenden Erkenntnisse heute ohne Konsequenzen. Es gibt ja keine ausreichende Gewaltenteilung, keine Gegengewalt, die daraufhin Verantwortliche bestrafen oder entlassen könnte oder die wirksame Maßnahmen beschließt. Die Bundesverwaltung berücksichtigt bei fast jeder zweiten Entscheidung nicht deren Nachhaltigkeit und verstößt dabei sogar gegen eigene Regeln. Aber wir als Souverän dürfen dabei nicht mehr als zusehen.

Mechanismen echter Repräsentanz

Demokratie wird immer wieder mit Wahlen gleichgesetzt. Doch das ist offenbar zu einfach. »Stimmt's oder hab' ich recht?« »Pest oder Cholera?« »Donald Trump oder Hillary Clinton?« Muss Demokratie nicht mehr zu bieten haben? Auch in der ehemaligen Sowjetunion gab es bekanntlich Wahlen. Wirklich mächtig sind bei Wahlen vor allem diejenigen, die die Wahlmöglichkeiten und Wahlregeln vorgeben.

Im alten Griechenland, der Wiege der Demokratie, wurden die meisten politischen Ämter nicht per Wahl vergeben. Das wäre den Menschen absurd vorgekommen. Sie waren der Meinung, dass Wahlen Vetternwirtschaft und Korruption Tür und Tor öffnen würden. Stattdessen vergab man die Ämter per Los. Auch in Venedig wurde über 700 Jahre lang ein mehrstufiges Auswahlsystem für den Dogen praktiziert, das eine Mischung aus Losverfahren, Beratung und Wahl darstellte. Einem mehrstufigen Bürger*innenrat nicht ganz unähnlich. 700 Jahre lang hat es die venezianische Republik vor einem Alleinherrscher bewahrt. Welche anderen Staaten können das von sich behaupten? Das Losprinzip findet auch heute wieder vielfach und erfolgreich Anwendung. In den USA entscheiden zufällig ausgeloste Schöffen über Schuld oder Unschuld von Angeklagten. Island hat sich mit einem ausgelosten Bürger*innenrat eine neue Verfassung gegeben. In Irland hat die Regierung strittige Fragen wie die zu gleichgeschlechtlicher Ehe oder Abtreibung durch Bürger*innenräte entscheiden lassen. In Frankreich gab es 2020 einen Bürger*innenrat zur Klimawende. In Deutschland wurde gerade ein solcher Rat auf Bundesebene zu Deutschlands Rolle in der Welt beendet. All diesen Bürger*innenräten ist gemein, dass sie wirklich repräsentativ besetzt waren. Im Gegensatz zu den Parlamenten. Männer und Frauen waren entsprechend ihrem Anteil in der Bevölkerung vertreten, ebenso die Altersgruppen.

Und Konzerne konnten sich hier auch nicht einkaufen. Sie hatten keinen Einfluss auf irgendwelche Listenplatzvergaben, denn die gab es ja gar nicht. Die Teilnehmer*innen üben ihr Amt auch nur für eine kurze Zeit aus und bleiben in ihren bisherigen Berufen. Sie sind für die Lobbys schwerer zu greifen. Sie sind schwerer zu korrumpieren.

Bürger*innenräte haben aber auch gegenüber Formen der direkten Demokratie Vorteile. Volksabstimmungen zum Beispiel sind mit ausreichend Geld gut manipulierbar. In Kalifornien habe ich das selbst erlebt, als über die Kennzeichnungspflicht genmanipulierter Lebensmittel abgestimmt wurde. Ein gewaltiger Werbefeldzug der Lebensmittelindustrie über Wochen und auf allen Kanälen führte schließlich zu dem von ihr gewünschten Ergebnis. Cambridge Analytica hat die Kunst der Manipulation von Massen geradezu perfektioniert und so angeblich dazu beigetragen, den Brexit durchzusetzen und Donald Trump ins Amt zu hieven. Denn häufig geht es bei diesen Abstimmungen um das Zünglein an der Waage. Ein paar Prozent gaben den Ausschlag für den Brexit, für die Wahl George W. Bushs nur ein paar Zehntel Promille.

Ein weiterer Mangel von Volksabstimmungen ist, dass sich die Menschen nicht unbedingt eingehend mit den Abstimmungsthemen auseinandersetzen können oder wollen. In der aktuellen Parteienherrschaft können die gewählten Politiker*innen das übrigens auch nicht. Im EU-Parlament finden in einer Sitzung über 100 Abstimmungen statt. Viele der anwesenden Abgeordneten wissen gar nicht, worum es sich dabei im Einzelnen handelt. Jede Fraktion hat eine Art Vortänzer, der vorne steht und den Parlamentarier*innen anzeigt, wie sie abstimmen sollen.[82] Im Gegensatz dazu beschäftigen sich die Teilnehmer*innen an Bürger*innenräten tatsächlich alle mit den entsprechenden Themen, und das intensiv. Sie haben Zugriff auf eine breite Palette von Expert*innen. Dafür können sie sich natürlich nur einem oder wenigen Themen widmen. Aber das macht ja nichts, denn wir können ja viele Räte einsetzen, und nicht alle Fragen müssen den Parteien entrissen werden.

Wie erwähnt, wird die Möglichkeit, über etwas abzustimmen, im Allgemeinen überbewertet. Die wirkliche Macht ist dort, wo die Themen ausgewählt werden, über die abgestimmt wird. Oder eben nicht. Viel relevanter ist es, die Abstimmungsfrage zu formulieren und die Optionen zu benennen, zwischen denen gewählt wird. Auf eine dumme Frage wie »Brexit: ja oder nein?« kann auch das weiseste Wahlvolk keine schlaue Antwort geben. Ich habe mir von einem Schweizer Freund erklären lassen, dass eine solche Frage dort in mehrere Einzelabstimmungen heruntergebrochen worden wäre: Zuerst würde gefragt, ob die Regierung beauftragt werden soll, ein Konzept zu erarbeiten. Nach der Erarbeitung eines solchen Konzepts würde gefragt, ob dieses Konzept für gut befunden wird und mit der EU verhandelt werden soll. Nach den Verhandlungen schließlich würde abgestimmt, ob das Verhandlungsergebnis akzeptiert und ein Vertrag unterschrieben werden soll. Die Macht, die Abstimmungsoptionen auszuwählen, kann also viel wichtiger sein als die Möglichkeit, eine Stimme abzugeben. Wie sich wohl der Brexit entwickelt hätte, wenn für die Formulierung der Abstimmungsfrage ein Bürger*innenrat einberufen worden wäre?

In einem Bürger*innenrat treffen Menschen aufeinander, die offen sein und bleiben können. Sie müssen in einer Diskussion nicht gewinnen, weil sie eben auch nicht wiedergewählt werden können. Sie müssen keine Rücksicht auf Parteivorsitzende und Fraktionszwang nehmen. Sie treffen auch nicht schon in Schubladen gesteckt aufeinander. Diese Menschen können offen, neugierig und wohlwollend miteinander umgehen. Und natürlich werden sie so gemeinsam bessere Lösungen finden.

Die dritte Kammer

Ausgeloste Bürger*innenräte sind also, anders als gewählte Dauergremien, nicht nur wirklich repräsentativ und weniger anfällig für Korruption. Sie können sich außerdem im Vergleich zur Gesamtheit aller Wahlberechtigten sehr viel sorgfältiger mit Themen auseinandersetzen.

Natürlich aber helfen sie wenig, wenn ihre Vorschläge schließlich unter viel Beifall in der Schublade verschwinden. Natürlich helfen sie wenig, wenn sie nur auf Nebenthemen angesetzt und die grundlegenden Fragen weiterhin von Parteivorständen entschieden werden. Früher agierten die Parlamente von Kaisers Gnaden. Heute wähnen sich die Parteispitzen großzügig, wenn sie das Wahlvolk einmal zu Wort kommen lassen. Das ist es, wovon wir uns heute emanzipieren müssen. Wir Bürger*innen sind der Souverän. Alle Macht geht von uns, geht vom Volke aus. Nicht von Parteigremien, Vorstandsetagen oder Milliardärsvillen.

Das wichtigste Feature des Updates unseres demokratischen Betriebssystems muss daher eine permanente dritte Kammer sein, die aus ausgelosten, repräsentativen Mitgliedern besteht. Diese dritte Kammer muss den anderen Staatsorganen ebenbürtig, in bestimmter Hinsicht sogar übergeordnet sein. Wie könnte das konkret aussehen?

Aufbau

Die Bürger*innenräte in Irland, Island, Frankreich oder Deutschland bestanden alle aus 100 bis 160 Personen. Das ist groß genug, um die Vielfalt der Bevölkerung einigermaßen repräsentativ abbilden zu können, und klein genug, um mit erprobten Methoden und Arbeitsweisen effizient zu Ergebnissen zu kommen. Im Vergleich zu den auf Wiederwahl angewiesenen Pendants aus dem Bundestag treffen die Menschen auch nicht schon mit einer durch das Parteibuch aufgeprägten Antagonie aufeinander. Sie müssen keine Widersprüche und Gegensätze produzieren und zur Schau stellen, um wiedergewählt zu werden. Die Mitglieder der dritten Kammer sollen aber natürlich nicht nur für einige Wochen zusammenarbeiten. Ein guter Zeitraum scheint mir ein Jahr zu sein. Das ist ein Zeitraum, für den viele von uns schon einmal ihren gewohnten Alltag unterbrochen haben, durch ein Sabbatical, Elternzeit oder ein soziales Jahr.

Die Mitglieder der dritten Kammer müssen für ihre Tätigkeit natürlich bezahlt werden, und zwar auf dem Niveau ihrer Kolleg*innen in den gewählten Parlamenten.

Um das zu finanzieren, können wir gern Sitze im Bundestag streichen. Ich wage die Voraussage, dass diese Verkleinerung an den meisten Bürger*innen im Alltag unbemerkt vorbeigehen würde. Wenn wir dann noch die Wahlkampfkostenerstattung und die Zahlungen an politische Stiftungen anteilsmäßig ebenfalls entsprechend verkleinern, dürften wir eine Menge Geld sparen.

Die Praxis hat gezeigt, dass 160 Bürger*innen in der Lage sind, eine komplexe Fragestellung über mehrere Wochenenden hinweg erfolgreich zu debattieren. Das heißt aber nicht automatisch, dass sie das bei Hunderten von Fragestellungen auch schaffen. Selbst dann nicht, wenn sie sich ihnen in Vollzeit widmen können.

Das müssen sie aber auch nicht. Die dritte Kammer soll Bundesregierung und Bundestag ja nicht ersetzen. Es ist völlig ausreichend, wenn sie diese Organe beaufsichtigt. Wenn sie gemeinwohlschädliche Initiativen stoppt. Wenn sie erfolglose oder gesetzeswidrig handelnde Amtsträger*innen vor Ablauf der Wahlperiode ihrer Ämter enthebt. Und natürlich kann die dritte Kammer einzelne Fragestellungen auch an dedizierte Bürger*innenräte delegieren.

Als Radar dienen können der dritten Kammer Presse, Zivilgesell-schaft, Petitionen, Whistleblower oder Institutionen wie der Bun-desrechnungshof.

Rechte der dritten Kammer

Um bei der Einflussnahme von Konzernen und Regierungsversa-gen nicht mehr einfach nur zuschauen zu müssen, sondern um eine wirkliche Gewaltenteilung und Kontrolle ausüben zu können, muss die dritte Kammer entsprechend mit Rechten ausgestattet werden. Diese Rechte sollten das Aufhalten von schädlichen Gesetzesiniti-ativen anderer Kammern, den Beschluss eigener Gesetze sowie die Sanktionierung und den Austausch leitender Regierungsmitglieder ebenso umfassen wie die Regelung der Belange von Parlamentari-ern und Regierungsmitgliedern.

Vetorecht

Bundesregierung, Bundestag und Bundesrat beschließen pro Jahr Hunderte von Gesetzen und noch mehr Verordnungen. Die meis-ten davon kann man wohl getrost als unstrittig und naheliegend bezeichnen. Viele sind für die meisten von uns irrelevant.

Bei einigen anderen Themen ist das allerdings ganz anders. Neh-men wir die systematische Sabotage der Energiewende durch die Bundesregierung zugunsten von Tail-End-Investoren und alten Stromkonzernen beziehungsweise deren Großaktionären. Bei-spielsweise zahlt die Bundesregierung den zwei Braunkohlekon-zernen RWE und Leag 4,35 Milliarden Euro als »Entschädigung« und damit das Zehnfache dessen, was Expert*innen als angemes-sen betrachten – auf Basis einer Berechnungsgrundlage, die zur Geheimsache erklärt wurde.[83] Solche Fälle mussten wir in der Vergangenheit ohnmächtig über uns ergehen lassen. Mit der dritten Kammer wäre das anders. Sie könnte hier mit einem Veto eingreifen.

Auf diese Art kann auch eine Gruppe von nur 160 Menschen gut mit der gesetzgeberischen Komplexität umgehen. Anstatt Hunderte von Gesetzen selbst schreiben zu müssen, braucht sie nur den Überblick über die wirklich kritischen Gesetzespakete zu wahren. Dabei wird ihr sicherlich auch die Zivilgesellschaft helfen. NGOs leisten heute schon wahre Wunder, wenn es darum geht, Vetternwirtschaft, Inkompetenz, Raffgier oder Korruption von Politiker*innen aufzudecken. Sie kommentieren mit häufig beeindruckender Sachkundigkeit Gesetzesinitiativen oder schlagen selbst welche vor. Heute stoßen sie in der Parteienherrschaft leider allzu oft auf Desinteresse. Auch das dürfte bei der dritten Kammer anders sein.

Was passiert nach einem solchen Veto? Ein Vetorecht hat ja heute schon der Bundesrat. Im Falle des Einspruchs wird ein Vermittlungsausschuss eingesetzt, und je nach Rechtsgebiet kann sich am Ende eine der beiden Kammern durchsetzen. Analog würde auch hier der Gesetzentwurf an den Bundestag zurückgeschickt, der ihn dann nur mit einer Zweidrittelmehrheit verabschieden könnte.

Alternativ könnte das Parlament gezwungen sein, auf die nächste Besetzung der dritten Kammer zu warten. Im Schnitt sind das sechs Monate plus Debattierzeit. Dieser neuen Kammerbesetzung könnte das Gesetz dann wieder vorgelegt werden. Die neue Kammer könnte es dann abermals durch ein Veto stoppen. Sollte das Thema eiliger sein, könnte ein eigener Bürger*innenrat zu dem Thema einberufen werden, der dann die Entscheidung trifft.

Natürlich wäre es auch denkbar, eine Volksabstimmung durchzuführen, wenn Parlament und der permanente Bürger*innenrat sich nicht einigen können. Wie aber weiter oben schon argumentiert, lässt sich eine Volksabstimmung sehr viel besser manipulieren und trifft auf sehr viel schlechter informierte Entscheider als ein Bürger*innenrat. Dieses Verfahren gilt es also idealerweise zu vermeiden, denn mit seiner Hilfe könnten die Kompetenzen der dritten Kammer ausgehebelt werden.

Die Belange der Abgeordneten müssen in jedem Fall ausschließlich durch die dritte Kammer bestimmt werden. Die Belange der dritten Kammer werden immer von einer Losperiode für die kommende festgelegt.

Initiativrecht

Der dritten Kammer muss allerdings auch ein Gesetzesinitiativrecht zustehen. Nehmen wir folgenden Fall an: Eine globale Pandemie lähmt das Land, verursacht Schaden in Billionenhöhe, führt zu empfindlichen Einschränkungen der individuellen Freiheit in der gesamten Bevölkerung und kostet Zehntausende von Menschen das Leben. Und nehmen wir an, dass eine Bundesregierung in so einem Fall nicht den Mut aufbrächte, sich mit der Pharmalobby anzulegen und bestehende Gesetze zu nutzen, um die Impfstoffe zur allgemeinen Produktion und zum allgemeinen Wohl freizugeben. Nehmen wir an, dass eine solche Freigabe zu einer schnelleren Produktion nicht einmal im Widerspruch zu Entschädigungszahlungen für die betroffenen Pharmafirmen stünde. Nehmen wir an, dass die Impfstoffe vielleicht sogar mit Staatsgeldern entwickelt wurden.

Für solche Fälle muss die dritte Kammer auch das Recht haben, eigene Gesetzesinitiativen und Verordnungen anzustoßen. Sollte das Parlament die Möglichkeit haben, die Initiativen der dritten Kammer zu blockieren? Hier wird man Argumente dafür und dagegen finden. Mein Vorschlag wäre analog zum Vetorecht: Das Parlament dürfte die Initiative mit Zweidrittelmehrheit aufhalten und einfordern, dass die Initiative in der nächsten Losperiode von der dritten Kammer bestätigt werden muss. Damit käme es zu einer

Verzögerung von im Schnitt sechs Monaten zuzüglich der Debattenzeit. Sollte das Thema eiliger sein, dann würde ein eigener Bürger*innenrat zu diesem Thema einberufen, der eine abschließende Entscheidung trifft.

Mehrheitsanforderungen

Eine zufällig ausgewählte Menge von Menschen wird ja nicht ganz anders abstimmen als die Grundgesamtheit, wenn die Stichprobe denn nur groß genug ist und vor allem wenn sie repräsentativ, also wirklich zufällig, ausgewählt wurde. Ist eine Gruppe überrepräsentiert, dann funktioniert es nicht.

Die zufällig ausgewählten Menschen werden nur leicht anders entscheiden. Je größer die Auswahl, desto kleiner die Abweichung. Und mit einer bestimmten Stichprobengröße lässt sich eben auch nur eine bestimmte Genauigkeit erreichen. All das kann man mit Mitteln der Statistik ausrechnen. Wenn die dritte Kammer mit einer 60-Prozent-Mehrheit zu einem Thema entscheidet, dann liegt die Wahrscheinlichkeit, dass die Gesamtheit der Wähler*innen bei ähnlich intensiver Beschäftigung mit dem Thema mit einem anderen Ergebnis abstimmen würde, bei nur rund einem Prozent.[84]

Im Vergleich mit einer Volksabstimmung hat dagegen eine Entscheidung der dritten Kammer mit 60-prozentiger Mehrheit entscheidende Vorteile:

- Die Wähler*innen sind in ihrer Gesamtheit nicht vor Einflussnahme durch massive Werbekampagnen geschützt. Der Fall Cambridge Analytics hat gezeigt, dass gerade soziale Medien genutzt werden können, um Wahlberechtigten nach dem Mund zu reden und sie sehr wirksam zu manipulieren.
- Die Mitglieder von Bürger*innenräten können sich viel intensiver mit einem Thema auseinandersetzen.

- Eine solche Abstimmung ist natürlich viel schneller durchführbar und sehr viel weniger aufwendig.

Eine mit 60 Prozent von einer dritten Kammer gefällte Entscheidung dürfte also mit an Sicherheit grenzender Wahrscheinlichkeit zumindest die Hälfte der Wähler*innen hinter sich wissen. 60 Prozent sollte daher das Mehrheitserfordernis sein, mit dem die dritte Kammer Beschlüsse von Parlament und Regierung stoppen können muss oder mit der sie eigene Initiativen anstoßen kann.

Durchsetzung der Gewaltenteilung

Seit mindestens 500 Jahren und bis ins Altertum hinein ist die Gewaltenteilung, die Trennung von Exekutive, Legislative und Judikative, als Goldstandard des Rechtsstaats und der Demokratie erkannt worden. Mit einer gelosten permanenten dritten Kammer wird dieses Ziel in einem bisher niemals erreichten Maß endlich umgesetzt werden. Und zwar auf vielen Ebenen.

Kontrolle der Exekutive

Die dritte Kammer kann Minister*innen entlassen, und zwar aus zwei Gründen: wegen der Missachtung geltenden Rechts und aufgrund offenbaren Unwillens oder eindeutiger Unfähigkeit.

Ministerpräsident Söder weigert sich, Gerichtsurteile des höchsten bayerischen Verwaltungsgerichts umzusetzen? Bundesverkehrsminister Scheuer missachtet geltendes Vergaberecht? Bundesumweltministerin Schulze weigert sich, geltende EU-Luftreinhaltenormen umzusetzen? Bundeswirtschaftsminister Altmaier zahlt 4,35 Milliarden Euro aus Steuergeldern an RWE und Leag und erklärt die Berechnungsgrundlage zur Geheimsache? Wenn die Legislative tatsächlich die Exekutive überwachen würde, dann müssten die Parlamente diese Minister*innen schon längst abgesetzt haben. Nun sitzen diese Minister*innen aber selbst im Bundestag, und zwar in den Mehrheitsfraktionen. Sie sind sogar Teil der Parteiführungszirkel, die den anderen Abgeordneten per Fraktionszwang vorschreiben, wie sie abzustimmen haben. Sie sind Teil der Parteiführungszirkel, die die Vergabe der Listenplätze wesentlich beeinflussen, formal und informell über ihre Netzwerke. Abgeordnete, die zusammen mit der Opposition auf die Einhaltung von Recht und Gesetz durch das Bundeskabinett drängen, haben ihr politisches Todesurteil gesprochen. Deshalb braucht die dritte Kammer das Recht, Minister*innen bei Rechtsverstößen bei einer Mehrheit von mehr als 60 Prozent der Stimmen umgehend abzusetzen.

Aber nicht erst ein Rechtsbruch sollte die Absetzung von Minister*innen ermöglichen. Die Wirtschafts- und Finanzminister eines der größten Industrieländer der Welt, Peter Altmaier und Olaf Scholz, kennen zur großen Verblüffung der Öffentlichkeit nicht einmal den Unterschied zwischen Umsatz, Kosten und Gewinn. So versprachen sie Unternehmen als Unterstützungsmaßnahme in der Corona-Pandemie beispielsweise 75 Prozent ihres vorherigen Umsatzes – nicht etwa ihrer Fixkosten.[85] Dadurch werden Unternehmen in vielen Fällen sogar mehr Gewinn machen als zuvor, weil sie ja keine Kosten für Rohwaren oder eingekaufte Dienstleistungen hatten – ohne Arbeit, ohne Risiko. Und weder die Ministerien noch das Kabinett, die Kanzlerin oder der Bundestag wollten oder konnten das unterbinden. Von der Absurdität der Gewährung von Staatshilfen für Großkonzerne, die mit diesen Geldern dann Dividenden an ihre Aktionäre ausschütten, war bereits die Rede.

In Fällen wie diesen oder beim Cum-Ex-Skandal, wenn über Jahre hinweg notwendige Veränderungen nicht umgesetzt werden, dann ist es notwendig, eine dritte Kammer zu haben, die Minister*innen aufgrund von Unfähigkeit absetzen kann. Und dabei ist es egal, ob es sich wirklich um Unfähigkeit, um Unwillen oder um Korruption handelt. Ich kenne niemanden, der sich vier Jahre lang beruflich alles erlauben könnte, ohne drastische Konsequenzen bis hin zur Entlassung fürchten zu müssen. Wir müssen uns als Souverän die Möglichkeit nehmen, Leistung einfordern zu können und den erzwungenen Dornröschenschlaf für Meritokratie und Leistungsprinzip zu beenden.

Die dritte Kammer sollte außerdem auch die sogenannte Karenzzeit für Minister*innen und hohe Beamt*innen regeln und überwachen: Von wem dürfen sich Menschen mit so herausragender Macht nicht nur während, sondern auch in den Jahren nach ihrer Amtstätigkeit bezahlen lassen? Die dritte Kammer muss endlich Regeln und Sanktionen für Verstöße festlegen und dann auch verhängen können.

Kontrolle der Legislative

Die dritte Kammer hat auch die Belange der Parlamentarier*innen zu regeln. Das beinhaltet auch die Frage der Vergütung. In welcher Höhe soll sie erfolgen? Wird diese Vergütung in einer einzigen Zahlung transparent zusammengefasst oder aus allen möglichen Pauschalbeträgen, Steuerausnahmen, Sitzungsgeldern opak zusammengesetzt? Nehmen die Parlamentarier*innen am allgemeinen Gesundheits- und Rentensystem teil, oder werden ihnen hier Privilegien eingeräumt?

Ich gehe davon aus, dass ausgeloste und damit repräsentativ ausgewählte Bürger*innen den Parlamentarier*innen sehr schnell ihre selbstverschafften Privilegien streichen werden. Stattdessen wird man sie in das von ihnen für uns geschaffene Sozialsystem integrieren.

Die dritte Kammer muss ebenso festlegen, ob Parlamentarier*innen während ihrer Amtstätigkeit wie andere Berufstätige auch ihre ganze Arbeitskraft der Tätigkeit widmen müssen, für die sie von ihrer Arbeitgeberin, der wahlberechtigten Bevölkerung in Deutschland, bezahlt werden. Die dritte Kammer wird entscheiden, ob und inwieweit Parlamentarier*innen ihre Zeit stattdessen mit anderen bezahlten Tätigkeiten verbringen dürfen. Und sie wird entscheiden, inwiefern Parlamentarier*innen Gelder von Dritten bekommen dürfen, ohne sich dafür nennenswert Zeit nehmen zu müssen. Ich gehe davon aus, dass ausgeloste Bürger*innen sehr schnell das Geflecht aus Gefälligkeiten, Korruption und Vetternwirtschaft auflösen werden. Es ist anzunehmen, dass sie auf »Ehrenerklärungen« und »Selbstregulierungskodizes« dankend verzichten werden. Stattdessen dürfte es sehr schnell verbindliche Regeln geben, die sämtliche wie auch immer benannten Zahlungen von Dritten an Abgeordnete für beide Seiten unter Strafe stellen. Als Ausnahme würde man vielleicht Spenden durch wahlberechtigte Bürger*innen bis zu einer Bagatellgrenze erlauben.

Es wäre auch die dritte Kammer, nicht das Parlament, die festlegen würde, inwiefern Kontakte zwischen Politiker*innen und Lobbyvertreter*innen öffentlich gemacht werden müssen. Analog würden sie über die Transparenzpflichten für Zahlungen von Unternehmen, Organisationen oder Einzelpersonen an Politiker*innen und Parteien entscheiden. Ich nehme aber an, dass eine dritte Kammer diese Zahlungen generell verbieten würde, weil sie undemokratisch sind und in vielen Fällen eine Form von Korruption darstellen dürften.

Darüber hinaus gilt es, ein Abgeordnetenstrafrecht ins Werk zu setzen, das bei Verstößen gegen die oben genannten Regelungen auch Sanktionen folgen lässt.

Sicherung einer unabhängigen Judikative

Ein Rechtsstaat braucht unbedingt eine unabhängige und handlungsfähige Judikative. Diese muss Ministerpräsident*innen und Minister*innen wie Söder, Kretschmann, Schulz oder Scheuer zwingen können, geltendes Recht umzusetzen. Sie muss in der Lage sein, Rechtsbrüche in der Exekutive schnell und wirkungsvoll zu sanktionieren. Dazu braucht es zum einen die richtigen rechtlichen Rahmenbedingungen. Zum anderen braucht es aber auch den unbedingten Willen der Menschen in diesen Institutionen, das auch zu tun.

Leider haben die Führungszirkel der Parteien einen erheblichen Einfluss auch auf die Judikative. Es sind die Justizminister*innen, die Richter*innen und Staatsanwält*innen benennen und befördern. Sie sind es außerdem, die den Gerichten die notwendigen Gelder zubilligen oder eben nicht. Ausnahme ist dabei nur das Bundesverfassungsgericht, das sich mit einigem Aufwand in den 1950er-Jahren mehr Eigenständigkeit erkämpft hat. Aber auch die Verfassungsrichter*innen werden de facto immer noch von den Parteiführungszirkeln ausgewählt.

In Zukunft muss es die dritte Kammer sein, die Richter*innen und Staatsanwält*innen ernennt und befördert. Dabei kann sie sich ja durchaus auf Vorschläge aus der Judikative selbst und aus den Justizministerien stützen. Insbesondere bei der Besetzung der höchsten Gerichte wird die dritte Kammer sich aber sicherlich selbst einen genaueren Eindruck verschaffen wollen.

Die dritte Kammer regelt außerdem die Finanzierung der Gerichte und Staatsanwaltschaften. Damit kann sie insbesondere sicherstellen, dass bestimmte kriminelle Aktivitäten nicht aufgrund mangelnder personeller Ausstattung unverfolgt bleiben. Es ist schwer vorstellbar, dass eine dritte Kammer den Cum-Ex-Skandal und der Verfilzung von Finanzmafia und Regierung so lange so untätig zugesehen hätte. Wahrscheinlich wäre auch ein Bundeskanzler Kohl in der Spendenaffäre wie seine französischen Pendants Chirac und Sarkozy angeklagt und rechtskräftig verurteilt worden und wäre nicht aus »Pietätsgründen« unverfolgt geblieben. Alle drei hätten dann wohl auch ihre Strafen tatsächlich im Gefängnis absitzen müssen, anstatt sie wie im Fall Sarkozy im goldenen Käfig der eigenen Luxusimmobilien verbringen zu dürfen.

Sicherung unabhängiger öffentlicher Medien

Medien haben in einer Demokratie eine kaum zu überschätzende Macht; Karrieren wie die des italienischen Medienmoguls Silvio Berlusconi illustrieren das augenfällig. Deshalb werden Medien häufig auch als die vierte Macht im Staat neben Legislative, Exekutive und Judikative bezeichnet.

Umso schlimmer ist, dass die öffentlich-rechtlichen Medien in Deutschland schon immer stark unter dem Einfluss der Politik standen und immer noch stehen. Das Herausdrängen von ZDF-Chefredakteur Brender hat auch der Öffentlichkeit das Maß dieser Einflussnahme vor Augen gebracht. Und selbst nach Einschreiten des Bundesverfassungsgerichtes ist dieser Einfluss immer noch maßgeblich.

Politiker*innen haben in Aufsichtsgremien der öffentlich-rechtlichen Medien nichts zu suchen. Sie sind es ja, die durch die Medien kontrolliert werden sollen. Die Aufsicht der öffentlich-rechtlichen Medien hat ausschließlich durch die dritte Kammer zu geschehen. Diese besetzt die Spitzenpositionen und legt die finanzielle Ausstattung fest.

Kontrolle der Monetative

Gemessen an ihrer überwältigenden Bedeutung, wird über die Kontrolle von Bundesbank, Geldwesen und Finanzmärkten immer noch viel zu wenig gesprochen. Henry Ford mutmaßte angeblich, dass eine spontane Revolution ausbrechen würde, wenn die Menschen erst einmal das Geldsystem verstanden hätten. Dabei ist das gar nicht schwierig. Die Volksabstimmung in der Schweiz zur Veränderung der Geldschöpfung hat zumindest zeitweise viel Aufmerksamkeit auf das Thema gelenkt.

In den letzten Jahren wurden Billionen an neuen Euro, Dollar und sonstigen Währungen geschaffen. Dadurch ist ein astronomischer Reichtum entstanden. Leider aber nicht für unsere Gesellschaften, sondern für die Finanzoligarchen. Absurderweise überlassen es die Notenbanken weltweit privaten Finanzkonzernen, den weit überwiegenden Teil unseres Geldes zu produzieren, nämlich den elektronischen. Die Notenbanken beschränken sich in einem Akt unverständlicher Großzügigkeit den Bankern dieser Welt gegenüber auf die Herstellung von Münzen und Scheinen.

Darüber hinaus kauft die EZB Schulden der zerstörerischen Wirtschaft auf oder akzeptiert sie als Sicherheit für Kredite. Laut einer Studie von Greenpeace bevorzugt sie dabei sogar noch die fossilen Konzerne.[86] Das Gegenteil muss der Fall sein. Eine dritte Kammer würde sicherstellen, dass die Führung der EZB die Prioritäten der Allgemeinheit verfolgt und nicht die von Shell, Total oder des MIBRAG-Milliardärs Daniel Křetínský.

Es muss die dritte Kammer sein, die den oder die Bundesbankpräsident*in ebenso bestimmt wie die Führungspositionen in der Finanzaufsicht. Entsprechendes gilt natürlich auf EU-Ebene.

Die dritte Kammer würde wahrscheinlich auch unverzüglich einen dedizierten Bürger*innenrat zum Thema Geldschöpfung und Bankenwesen einberufen. Und sie würde die Umsetzung der dort gemachten Vorschläge sicherstellen.

Kontrolle staatlicher Betriebe

Auch die Aufsicht über die im Besitz des Staates befindlichen Großunternehmen und die Auswahl ihrer Führungskräfte müssen durch die dritte Kammer erfolgen. Ansonsten bleiben diese Unternehmen Resterampen für abgehalfterte Parteispezis.

Beispiel Deutsche Bahn: Weil der Cheflobbyistenposten der deutschen Automobilindustrie mit Matthias Wissmann schon durch einen ehemaligen Bundesverkehrsminister besetzt war, blieb für den ehemaligen Bundesminister Ronald Pofalla nur noch ein Posten bei der Deutschen Bahn. Man sollte vermutlich lieber nicht darüber nachdenken, wo man nach dem Ende seiner Amtszeit Andreas Scheuer wiederbegegnen wird.

Mit einer dritten Kammer als Aufsichtsinstanz ist es unvorstellbar, dass die Deutsche Bahn wie bisher Milliarden von Euro nicht in den Ausbau und die Verbesserung des Schienenverkehrs in Deutschland steckt, sondern in den Reisebusverkehr in Europa und dem Rest der Welt.

Auch die Führung der Gesellschaften, die den öffentlichen Wald und damit fast die Hälfte der gesamten Waldfläche in Deutschland bewirtschaften, gehört durch dritte Kammern auf Landesebene ausgewählt. Hier sind die Landesforstgesellschaften derzeit gleichzeitig Bewirtschafterin und Kontrollbehörde. Das hat über die letzten Jahrzehnte dazu geführt, dass fast die Hälfte der Waldfläche in gigantische Monokulturen aus zwei Baumarten umgewandelt wurde. Beiden Baumarten, Kiefer und Fichte, ist gemein, dass sie hier, von Randlagen abgesehen, gar nicht wachsen würden. Tausende Quadratkilometer mit Monokulturen von Bäumen, die hier gar nicht hingehören, die aber mindestens 70 Jahre hintereinander und ohne Ausnahme auskömmliche Bedingungen vorfinden müssen – was kann da schon schiefgehen? Hier wurde die perfekte Brutstätte für Schädlinge wie den Borkenkäfer geschaffen. Und wenn das Vorhersehbare dann eintritt und die Plantagen großflächig kaputtgehen, dann soll der Käfer schuldig sein und nicht diejenigen, die die Bedingungen geschaffen haben? Bewirtschaftung und Beaufsichtigung der öffentlichen Wälder gehören endlich getrennt, die Aufsichtsgremien der Bewirtschaftungsgesellschaften durch Bürger*innenräte besetzt.

Umsetzung

Wie werden wir zu einem solchen Upgrade auf die dritte Generation von demokratischen Betriebssystemen kommen? Es erscheint mir äußerst unwahrscheinlich, dass die Profiteure des aktuellen Systems, die Geber und Nehmer der Schmiergeldindustrie, sich ohne Weiteres einschränken und demokratisch kontrollieren lassen werden.

Die erste und zweite Generation unseres demokratischen Betriebssystems konnten leider erst entstehen, als die etablierten Machtstrukturen durch Kriege geschwächt beziehungsweise aufgerieben waren.

Ich hoffe, dass uns das diesmal erspart bleibt. Es ist leider aber sicher, dass wir auf erhebliche Spannungen und Krisen zusteuern, je mehr sich die klimatischen Bedingungen auf der Welt verschlechtern werden. Hitze, Missernten, Seuchen, Waldsterben, Hunger, Flüchtlingswellen und bewaffnete Konflikte werden Alltag sein. Wie wir im Jahr 2020 während der Corona-Pandemie erahnen konnten, können die sonst erstarrten Gefüge der Macht plötzlich wieder flüssig werden. Dann kann es innerhalb von wenigen

Wochen zu weitreichenderen Veränderungen kommen als zuvor in Jahrzehnten. Zu diesen Zeiten müssen die richtigen Ideen in den Köpfen der Menschen sein, die richtigen Konzepte in den Schubladen liegen. Wie der Philosoph Richard David Precht mahnt, ist aber gerade in diesen Momenten die Gefahr besonders groß, dass nicht demokratischere Lösungen umgesetzt werden, sondern sich Autokratie und Faschismus an die Macht ringen. Ich hoffe, mit diesem Buch einen Beitrag dazu zu leisten, dass zum entsprechenden Zeitpunkt über sehr viel mehr Demokratie und Bürger*innenrechte gesprochen wird und nicht über weniger.

Ich habe die Hoffnung noch nicht aufgegeben, dass wir unser demokratisches Betriebssystem noch vor dem Erreichen von existenziellen Krisen upgraden können. Es wäre eigentlich ganz einfach. Wenn morgen in Deutschland 40 Millionen Wahlberechtigte auf die Straße gingen und eine dritte Kammer verlangten, dann würde sie auch geschaffen. Es reichten wahrscheinlich auch drei Millionen, die, wie damals vor dem Zusammenbruch der DDR, jede Woche ihrer Forderung Nachdruck verleihen. Das Wissen, der Mut und die Energie der Menschen, die das damals möglich gemacht haben, sind immer noch da. Ihre Geschichte ist ein Erfolgsbeispiel, an dem wir uns orientieren können und das uns Mut und Energie geben soll. Wie im 19. Jahrhundert und 1919 ist auch in den 2020er-Jahren ein weiterer Quantensprung zu einem demokratischeren und rechtsstaatlicheren Land möglich. Und zwar in Frieden. Wahrscheinlich stand noch nie so viel auf dem Spiel. Und diesmal wollen wir die Veränderung nicht als Ergebnis einer Katastrophe erreichen, sondern davor, um die Katastrophe zu verhindern. In der Geschichte der Menschheit ist es noch nie so sehr auf gute Führung angekommen wie jetzt. Nehmen wir diese Herausforderung mit Mut, Klarheit, Solidarität und Fleiß an.

Dank

Ich danke den Menschen, die mich zum Schreiben dieses Buchs motiviert und mir dabei geholfen haben: Katrin Apel, Bettina Schuler, Ulrike Eiler, Holger Gemmer, Felix Döppner und Irina Neuhaus. Ebenso bedanke ich mich beim oekom Verlag für die hervorragende Unterstützung sowie bei der Druckerei Oeding, die dieses Buch sorgsam nach Blauer-Engel-Standard mit mineralölfreien Farben und grüner Elektrizität von Naturstrom auf Recyclingpapier gedruckt hat.

Mein Dank gilt außerdem den unzähligen Menschen, die sich in NGOs, als Journalist*innen, Autor*innen oder z. B. bei Wikipedia für Gerechtigkeit, Demokratie, das Wohl von Menschen und Tieren und die Klimawende einsetzen. Die dafür kämpfen, dass die geradezu unglaublichen Möglichkeiten der Null-Grenzkosten-Technologien zum bescheidenen Wohlstand aller und nicht zum astronomischen Reichtum einiger weniger führen. Die unserer Generation die Würde in den Augen unserer Nachkommen wiederverschaffen wollen.

In diesem Sinn möchte ich Ecosia, ihren Mitarbeiter*innen, Partnerfirmen und Nutzer*innen dafür danken, dass sie gemeinsam etwas Großartiges geschaffen haben: den Beweis, dass die Theorien der frankensteinschen Schöpfer des homo oeconomicus mehr über diese selbst aussagen als über die menschliche Spezies. Und dafür, dass es ihnen nicht genug war, der Klimakatastrophe gegenüber »neutral« zu werden. Sie wollten Teil der Lösung sein. So ist eine nicht nur nachhaltige, sondern eine tatsächlich regenerative Bewegung entstanden. 200 % erneuerbar. Möge sie andere inspirieren!

Buchempfehlungen

Lobbyland.
Von Marco Bülow, erschienen im Verlag Das Neue Berlin (2021)

Die Diktatur der Konzerne.
Von Thilo Bode, erschienen im S.Fischer Verlag (2018)

Kollaps: Warum Gesellschaften überleben oder untergehen.
Von Jared Diamond und Sebastian Vogel im FISCHER Taschen-
buchverlag (2011)

Der Sieg des Kapitals.
Von Ulrike Herrmann im piper Verlag (2016)

Alles könnte anders sein.
Von Harald Welzer, erschienen im S.Fischer Verlag (2019)

Reichtum ohne Gier.
Von Sarah Wagenknecht im Campus Verlag (2016)

Exit – Wohlstand ohne Wachstum.
Von Meinhard Miegel, erschienen im List Verlag (2011)

Gemeinwohlökonomie.
Von Christian Felber, erschienen im piper Verlag (2018)

Unfuck the Economy.

Von Waldemar Zeiler, erschienen im Goldmann Verlag (2020)

Der energethische Imperativ.

Von Hermann Scheer, erschienen im Verlag Antje Kunstmann (2010)

Aufstieg und Krise der deutschen Stromkonzerne

Von Peter Becker im Ponte Press Verlag (2010)

Die Humusrevolution.

Von Ute Scheub und Stefan Schwarzer, erschienen im oekom Verlag (2017)

Restoration Agriculture.

Von Mark Shepard im acres U. S. A. Verlag (2013)

Endnoten

1 Gilens, Martin/Page, Benjamin I. (2014): Testing Theories of American Politics: Elites, Interest Groups, and Average Citizens, in: Perspectives on Politics, 12(3), S. 564–581 [https://www.cambridge.org/core/journals/perspectives-on-politics/article/testing-theories-of-american-politics-elites-interest-groups-and-average-citizens/62327F513959D0A304D4893B382B992B].

2 https://www.bbc.com/news/blogs-echochambers-27074746.

3 Vgl. Welzer, Harald (2008): Klimakriege. Wofür im 21. Jahrhundert getötet wird, S. Fischer.

4 Vgl. o. V. (2017): Deutschland gibt mehr Geld für fossile Brennstoffimporte als für Erneuerbare aus, in: pv magazine vom 25.07.2017 [https://www.pv-magazine.de/2017/01/25/deutschland-gibt-mehr-geld-fr-fossile-brennstoffimporte-als-fr-erneuerbare-aus/].

   Der wissenschaftliche Dienst des Deutschen Bundestags nennt sogar einen Wert von 85 Milliarden Euro. Wissenschaftliche Dienste: WD 5-3000-067/18, vom 22.06.2018 [https://www.bundestag.de/resource/blob/565596/34088ba3e10e611f6299cc64f8b2f7d9/WD-5-067-18-pdf-data.pdf].

5 Vgl. Diermann, Ralph (2018): Neue Studie: Deutschland hat genug Fläche für 100 Prozent Strom aus erneuerbaren Energien, in: pv magazine [https://www.pv-magazine.de/2018/10/16/neue-studie-deutschland-hat-genug-flaeche-fuer-100-prozent-strom-aus-erneuerbaren-energien/].

6 Vohra, Karn et al. (2021): Global mortality from outdoor fine particle pollution generated by fossil fuel combustion: Results from GEOS-Chem, in: Environmental Research, Volume 195, April 2021, zitiert in: https://www.klimareporter.de/gesellschaft/winzige-killer-schlagen-noch-haerter-zu.

7 Vgl. https://coalexit.org/.

8 Vgl. Jahberg, Heike: Eine Ohrfeige für Volkswagen – und die Politik, in: Tagesspiegel Online, 25.05.2020 [https://www.tagesspiegel.de/wirtschaft/bundesgerichtshof-urteilt-zu-diesel-skandal-eine-ohrfeige-fuer-volkswagen-und-die-politik/25857358.html].

9 https://www.elektroauto-news.net/2019/folge-033-bmw-elektromobilitaet-momentaufnahme.

10 Vgl. Deutsche Bahn AG (2019): Konzernlagebericht, Abschnitt »Geschäftsfelder im Überblick« [https://ibir.deutschebahn.com/2019/de/konzernlagebericht/entwicklung-der-geschaeftsfelder/geschaeftsfelder-im-ueberblick].

11 Vgl. Allianz pro Schiene (2019): Externe Kosten [https://www.allianz-pro-schiene.de/glossar/externe-kosten/].

12 Vgl. UNICEF (2020): UN-Report: Weltweit leiden rund 690 Millionen Menschen an Hunger [https://www.unicef.de/informieren/aktuelles/presse/2020/un-report-nahrungssicherheit-hunger/221914].

13 Vgl. Baumann, Sophia (2021): Wo 89 Prozent der Erwachsenen übergewichtig sind, in: Spiegel Online, 20.02.2021 [https://www.spiegel.de/gesundheit/ernaehrung/uebergewicht-und-mangelernaehrung-weltweit-wo-89-prozent-der-erwachsenen-uebergewichtig-sind-a-c35dd075-659b-4a41-bce3-d83f04f8eba9].

14 Vgl. Held, Jörg (2017): Human- oder Tiermedizin: Wer verordnet mehr Antibiotika? vom 11.12.2017 [https://www.wir-sind-tierarzt.de/2017/12/human-oder-tiermedizin-wer-verordnet-mehr-antibiotika/]

15 Vgl. Boston Consulting Group (2019): Nachhaltigkeit in der deutschen Landwirtschaft erfordert große Umbrüche [https://www.bcg.com/de-de/press/14november2019_PM_Landwirtschaft_DE].

16 Vgl. Crolly, Hannelore (2019): Das leise Sterben der deutschen Kleinbauern, in: Welt Online, 14.01.2019 [https://www.welt.de/wirtschaft/article187003528/Landwirtschaft-Das-leise-Sterben-der-deutschen-Klein-bauern.html].

17 Oxfam (2017): Wer hat die Macht über unser Essen? [https://www.oxfam.de/blog/wer-hat-macht-ueber-essen].

18 Vgl. Shepard, Mark (2013): Restoration Agriculture. Real-world Permaculture for Farmers, Acres USA.

19 Bargeld gegenüber Giralgeld, also den Sichteinlagen mit sofortiger Fälligkeit. Vgl. o. V.: Pressemitteilung vom 29.04.2020, Europäische Zentralbank [https://www.bundesbank.de/resource/blob/831934/7d7fce5e42de70411ec4a2b-26ca06ef0/mL/2020-04-29-geldmengenentwicklung-download.pdf].

20 Vgl. Europäische Zentralbank: Geldmengenentwicklung im Euro-Währungsgebiet: März 2020 [https://www.bundesbank.de/resource/blob/831934/7d7fce5e42de70411ec4a2b26ca06ef0/mL/2020-04-29-geldmengenentwick-lung-download.pdf].

21 Vgl. o. V. (2009): Ackermanns Kanzleramtssause empört Steuerzahler und SPD, in: Spiegel Online, 24.08.2009 [https://www.spiegel.de/politik/deutschland/umstrittene-geburtstagsfeier-ackermanns-kanzleramtssause-empoert-steuerzahler-und-spd-a-644710.html].

22 Vgl. Turner, Adair (2015): Between the Debt and the Devil. Money, Credit, and Fixing Global Finance, Princeton University Press.

23 Vgl. Wikipedia-Eintrag »Cantillon-Effekt« [https://de.wikipedia.org/wiki/Cantillon-Effekt].

24 Mayer, Thomas (2014): Die wirklichen Ursachen der Ungleichheit, in: Frankfurter Allgemeine Zeitung vom 27.09.2014 [https://www.faz.net/aktuell/wirtschaft/mayers-weltwirtschaft/mayers-weltwirtschaft-die-wahre-ursache-der-ungleichheit-13177381.html].

25 Vgl. Pöpsel, Frank (2021): Die Ökonomie des Gelddruckens – oder warum die Reichen immer reicher werden, in: Focus Money 27/2021.

26 Vgl. Kretschmer, Ansgar (2019): Klimabilanz der Zementindustrie, in: Chemietechnik Online, 25.03.2019 [https://www.chemietechnik.de/energie-utilities/klimabilanz-der-zementindustrie-372.html].

27 Vgl. Senatsverwaltung für Umwelt, Verkehr und Klimaschutz des Landes Berlin (2020): Abfallwirtschaftskonzept für Siedlungs- und Bauabfälle sowie Klärschlämme für die Jahre 2020 bis 2030. Zero Waste Strategie [sic] des Landes Berlin [https://www.berlin.de/senuvk/umwelt/abfall/konzept_berlin/download/AWKBerlin2020-2030.pdf].

28 https://de.wikipedia.org/wiki/Zement#Zementindustrie_in_Deutschland.

29 https://de.wikipedia.org/wiki/Holzwirtschaft. Annahme einer durchschnittlichen Dichte von 500 kg pro m^3.

30 Vgl. Schug, Markus (2021): So trocken wie seit 2000 Jahren nicht mehr, in: Frankfurter Allgemeine Zeitung vom 20.03.2021 [https://www.faz.net/aktuell/rhein-main/region-und-hessen/klimawandel-so-trocken-wie-seit-2000-jahren-nicht-mehr-17254527.html].

31 Vgl. Bundesministerium für Ernährung und Landwirtschaft (Hrsg.) (o. J.): Ergebnisse der Waldzustandserhebung 2020 [https://www.bmel.de/SharedDocs/Downloads/DE/Broschueren/ergebnisse-waldzustandserhebung-2020.pdf;jsessionid=9B4CD00B173746910E155901A878724F.live831?__blob=publicationFile&v=8].

32 Vgl. o. V. (2020): Waldschäden nehmen deutlich zu: Zahl geschädigter Bäume verdreifacht, in: Redaktionsnetzwerk Deutschland, 27.07.2020 [https://www.rnd.de/wissen/waldschaden-nehmen-deutlich-zu-zahl-geschadigter-baume-verdreifacht-X2ZJZZSVLVACJE6QNZJ7F6OPYA.html].

33 Diamond, Jared (2011): Kollaps: Warum Gesellschaften überleben oder untergehen, Fischer Taschenbuch Verlag, S. 103–154.

34 Vgl. Belina, Bernd/Heinz, Werner (2019): Die kommunale Bodenfrage. Hintergrund und Lösungsstrategien, Rosa-Luxemburg-Stiftung, S. 36 [https://www.rosalux.de/fileadmin/rls_uploads/pdfs/Studien/Studien_2-19_Bodenpolitik.pdf].

35 Vgl. Fanta, Alexander/Dachwitz, Ingo (2020): Medienmäzen Google: Wie der Datenkonzern den Journalismus umgarnt, in: netzpolitik.org [https://netzpolitik.org/2020/wie-der-datenkonzern-den-journalismus-umgarnt/].

36 Atkin, Emily (2021): The climate deniers Microsoft helped re-elect, in: Heated [https://heated.world/p/the-climate-deniers-microsoft-helped].

37 Vgl. Statistisches Bundesamt (2021): Konsumausgaben, Investitionen und Außenbeitrag [https://www.destatis.de/DE/Themen/Wirtschaft/Volkswirtschaftliche-Gesamtrechnungen-Inlandsprodukt/Tabellen/inlandsprodukt-verwendung-bip.html].

38 Vgl. Taleb, Nassim Nicholas (2017), Übersetzung von Hirner, Maximilian: Der Intoleranteste gewinnt: Die Tyrannei der kleinen Minderheit, in: Medium, 28.03.2017 [https://medium.com/@Maximilian_H1/der-intoleranteste-gewinnt-die-tyrannei-der-kleinen-minderheit-22a738d56770].

39 https://www.goodreads.com/quotes/7424-if-you-are-neutral-in-situations-of-injustice-you-have.

40 Denn unsere Parlamente sind alles andere als repräsentativ: zu wenig Frauen, zu viele ältere Menschen, zu viele mit gefälschten Doktortiteln.

41 Vgl. Sperber, Sandra (2019): Kein Abi, keine Politikkarriere, in: Spiegel online vom 11.07.2019 [https://www.spiegel.de/politik/deutschland/bundestagsabgeordnete-wie-repraesentativ-ist-das-parlament-a-1276568.html].

42 Vgl. Greenpeace (2013): Schwarzbuch Kohlepolitik, Greenpeace e. V. [https://www.greenpeace.de/sites/www.greenpeace.de/files/publications/20130409-schwarzbuch-kohle.pdf].

43 Vgl. Nischwitz, Guido (2019): Verflechtungen und Interessen des Deutschen Bauernverbandes (DBV), NABU e. V., April 2019 [https://www.nabu.de/imperia/md/content/nabude/landwirtschaft/agrarreform/190429-studie-agrarlobby-iaw.pdf].

44 Vgl. Boston Consulting Group (2019): Nachhaltigkeit in der deutschen Landwirtschaft erfordert große Umbrüche [https://www.bcg.com/de-de/press/14november2019_PM_Landwirtschaft_DE].

45 Vgl. Aigner, Susanne (2019): Agrarlobbyismus im Hinterzimmer, in: telepolis, 15.09.2019 [https://www.heise.de/tp/features/Agrarlobbyismus-im-Hinterzimmer-4523321.html?seite=all].

46 Vgl. Wikipedia Eintrag »Franz-Josef Holzenkamp« [https://de.wikipedia.org/wiki/Franz-Josef_Holzenkamp].

47 Vgl. Gilens, Martin und Page, Benjamin I (2014): Testing Theories of American Politics: Elites, Interest Groups, and Average Citizens, in: Perspectives on Politics, Volume 12, Issue 3, September 2014, pp. 564–581 [https://www.cambridge.org/core/journals/perspectives-on-politics/article/testing-theories-of-american-politics-elites-interest-groups-and-average-citizens/62327F513959D0A304D4893B382B992B].

48 Vgl. Smolka, Klaus Max (2014): Deutscher Strom zu billig: Energiewende verrückt, in: Frankfurter Allgemeine Zeitung Online, 12.04.2014 [https://www.faz.net/aktuell/wirtschaft/wirtschaftspolitik/deutscher-strom-zu-billig-energiewende-verrueckt-12747532.html].

49 Eine Absenkung auf immerhin noch über sieben Prozent wird gerade gerichtlich geklärt. Vgl. o. V. (2018): Garantierenditen für Strom- und Gasnetze: Der Streit um die Netz-Milliarden, in: Wirtschaftswoche online, 17.01.2018 [https://www.wiwo.de/unternehmen/energie/garantierenditen-fuer-strom-und-gasnetze-der-streit-um-die-netz-milliarden/20855334.html].

50 Vgl. Bündnis »Alle Dörfer bleiben!« (2020): Regierung verheimlicht Gutachten – Kohlegesetz rechtlich nicht haltbar, in: Leipziger Zeitung online, 17.12.2020 [https://www.l-iz.de/melder/wortmelder/2020/12/Regierung-verheimlichte-Gutachten-Kohlegesetz-rechtlich-nicht-haltbar-364856].

51 Vgl. BUND Nordrhein-Westfalen (o. J.): Uniper Kohlekraftwerk Datteln IV [https://www.bund-nrw.de/themen/klima-energie/hintergruende-und-publikationen/steinkohlenkraftwerke/uniper-kohlekraftwerk-datteln-iv/].

52 Vgl. Rasch, Michael (2020): Die Lufthansa wird teilverstaatlicht und erhält vom deutschen Staat 9 Milliarden Euro, in: Neue Zürcher Zeitung, 25.05.2020 [https://www.nzz.ch/wirtschaft/die-lufthansa-wird-teilverstaatlicht-und-erhaelt-vom-bund-9-milliarden-euro-ld.1557741].

53 Vgl. Pinzler, Petra (2020): Hast mal 'ne Milliarde? in: Die Zeit online vom 19.11.2020 [https://www.zeit.de/mobilitaet/2020-11/autoindustrie-corona-krise-hilfspaket-milliarden-klimakrise-5vor8/komplettansicht].

54 Vgl. Wienand, Lars (2021): Grüne kritisieren Praxis: Spahn-Ministerium: Deshalb erhalten Apotheken sechs Euro pro Maske, in: t-online, 27.01.2021 [https://www.t-online.de/nachrichten/deutschland/id_89350982/corona-ausbruch-deshalb-erhalten-apotheken-sechs-euro-pro-maske.html].

55 Vgl. o. V. (2016): Cum-Ex-Affäre wird zum Maulwurf-Skandal: Banken schleusten offenbar Ex-Finanzrichter in Ministerium ein, in: Manager Magazin online, 23.11.2016 [https://www.manager-magazin.de/politik/deutschland/cum-ex-affaere-banken-bezahlten-maulwurf-im-finanzministerium-a-1122652.html].

56 Vgl. Bartz, Tim (2020): 1500 Lobbyisten für 41 Politiker, in: Spiegel online am 9.12.2020 [https://www.spiegel.de/wirtschaft/service/finanzbranche-1500-lobbyisten-fuer-41-politiker-a-8e36b2ea-1d33-4d4e-9f5e-9daa795a34d7].

57 https://www.foodwatch.org/de/aktuelle-nachrichten/2021/eu-ratspraesidentschaft-portugal-laesst-sich-sponsern/.

58 Vgl. Häring, Norbert (2019): Wie die Konzerne die Vereinten Nationen unter ihre Kontrolle brachten, in: »Geld und mehr« vom 06.01.2019 [https://norberthaering.de/die-regenten-der-welt/un-foundation/].

59 https://www.campact.de/handelspolitik/handelsabkommen-ttip-ceta/.

60 Hummel, Thomas (2021): Wie ein alter Handelsvertrag die Klimaziele gefährdet, in: Süddeutsche Zeitung, 04.03.2021 [https://www.sueddeutsche. de/politik/energiecharta-klimaziele-schiedsgerichte-klagen-1.5223327].

61 Vgl. o. V. (2020): BlackRock to advise EU on environmental rules for banks, in: The Guardian online, 12.04.2020 [https://www.theguardian.com/business/2020/apr/12/blackrock-eu-environmental-rules-for-banks].

62 Vgl. Jolly, Jasper (2019): World's biggest investor accused of dragging feet on climate crisis, in: The Guardian online, 21.05.2019 [https://www.theguardian.com/business/2019/may/21/blackrock-investor-climate-crisis-blackrock-assets].

63 Vgl. Schütt-Wetschky, Eberhard (2002): Gewaltenteilung zwischen Legislative und Exekutive [https://www.bpb.de/apuz/25526/gewaltenteilung-zwischen-legislative-und-exekutive].

64 Vgl. ebd.

65 Vgl. o. V. (2018): Parteien bekommen 25 Millionen Euro mehr, in: Zeit online, 15.06.2018 [https://www.zeit.de/politik/deutschland/2018-06/grosse-koalition-beschluss-erhoehung-parteienfinanzierung].

66 Vgl. Reyher, Martin (2020): Abgeordneter verstieß jahrelang gegen Transparenzpflichten – mit dem Wissen des Bundestages, in: abgeordnetenwatch.de, 15.05.2020 [https://www.abgeordnetenwatch.de/blog/nebentaetigkeiten/abgeordneter-verstiess-jahrelang-gegen-transparenzpflichten-mit-dem-wissen].

67 Vgl. Reyher, Martin (2021): Schäuble will Regelverstöße von Abgeordneten unter Verschluss halten, in: abgeordnetenwatch.de, 14.04.2021 [https://www.abgeordnetenwatch.de/blog/nebentaetigkeiten/schaeuble-will-regelverstoesse-von-abgeordneten-unter-verschluss-halten].

68 Vgl. o. V. (2020): Rüge vom Europarat: Deutschland soll mehr gegen Korruption tun, in: tagesschau.de, 15.12.2020 [https://www.tagesschau.de/ausland/europarat-fordert-von-deutschland-korruptionsbekaempfung-101.html].

69 Vgl. Lutz, Martin/Müller, Uwe (2018): Parteinahe Stiftungen kosten Steuerzahler 581 Millionen, in: Welt online, 12.02.2018 [https://www.welt.de/politik/deutschland/article173425205/Bundestag-581-Millionen-Euro-fuer-parteinahe-Stiftungen-bewilligt.html].

70 Vgl. Arnim, Hans Herbert von (2017): Zwei Übel auf einmal, in: Süddeutsche Zeitung online, 21.07.2017 [https://www.sueddeutsche.de/politik/gastbeitrag-zwei-uebel-auf-einmal-1.3597833].

71 Vgl. Gontek, Florian (2021): Bundesregierung schafft 71 neue Stellen für Spitzenbeamte, in: Spiegel online am 2.5.2021 [https://www.spiegel.de/politik/deutschland/bundesregierung-71-neuen-stellen-fuer-spitzenbeamte-a-addfe61a-20c1-4ef8-bb40-6770667bda36].

72 Vgl. Thomas, Jürgen (1986): Richterrecht, Heymann, S. 59 ff.

73 Vgl. Bebenburg, Pitt von (2020): Geheimhaltungsfrist von 120 auf 30 Jahre gesenkt, in: Frankfurter Rundschau online, 02.08.2020 [https://www.fr.der hein-main/geheimhaltungsfristvon-120-auf-30-jahre-gesenkt-90016687.html].

74 Vgl. Wikipedia-Eintrag »ZDF-Fernsehrat« [https://de.wikipedia.org/wiki/ ZDF-Fernsehrat#Mitglieder_des_Fernsehrates_der_XV._Amtsperiode_ (2016%E2%80%932020)].

75 Vgl. Wikipedia-Eintrag »Nichtwähler« [https://de.wikipedia.org/wiki/ Nichtw%C3%A4hler#Nichtw%C3%A4hler_in_Deutschland].

76 Vgl. Der Bundeswahlleiter (2013): Endgültiges amtliches Ergebnis der Bundestagswahl 2013, in: Pressemitteilung Nr. 34/2013, 9. Oktober 2013.

77 Vgl. Bülow, Marco (2021): Lobbyland, Das Neue Berlin, S. 67.

78 Ein neuer Aufbruch für Europa. Eine neue Dynamik für Deutschland. Ein neuer Zusammenhalt für unser Land. Koalitionsvertrag zwischen CDU, CSU und SPD, in: bundesregierung.de. Presse- und Informationsamt der Bundesregierung (BPA), 2018. Zeile 8261 ff.

79 Vgl. o. V. (2017): Ehe für alle im Bundestag: Merkel erklärt Abstimmung zur Gewissensfrage, in: tagesschau.de, 27.06.2017 [https://www.tagesschau.de/ inland/ehe-fuer-alle-115.html].

80 Vgl. Bülow, Marco (2021): Lobbyland, Das Neue Berlin, S. 82 ff.

81 Vgl. o. V. (2021): Bundeskanzleramt muss stärker auf nachhaltiges Handeln in der Verwaltungspraxis hinwirken, in: Veröffentlichungen am 13.04.2021 [https://www.bundesrechnungshof.de/de/veroeffentlichungen/produkte/ beratungsberichte/2021/nachhaltigkeit-kommt-in-der-verwaltungspra-xis-nur-schleppend-voran].

82 Das schildert etwa Martin Sonneborn sehr vergnüglich: Sonneborn, Martin (2019): Herr Sonneborn geht nach Brüssel. Abenteuer im Europaparlament, Kiepenheuer & Witsch.

83 Vgl. o. V. (2021): Greenpeace deckt auf: Milliardenentschädigung für Braunkohlekonzerne ungerechtfertigt, in: sonnenseite.com [https://www. sonnenseite.com/de/wirtschaft/greenpeace-deckt-auf-milliardenentschae-digung-fuer-braunkohlekonzerne-ungerechtfertigt/].

84 Entsprechend der Berechnung des Konfidenzintervalls für die Erfolgswahr-scheinlichkeit der Binomialverteilung.

85 Vgl. Mumme, Thorsten (2020): Altmaier und Scholz einigen sich auf Details zur Umsatzsteuer-Erstattung, in: Tagesspiegel online, 05.11.2020 [https://www.tagesspiegel.de/wirtschaft/75-prozent-des-vorjahresumsatzes-altmaier-und-scholz-einigen-sich-auf-details-zur-umsatzsteuer-erstattung/ 26568686.html].

86 Deren Kredite machen einen Anteil von circa 60 Prozent aus, während sie einen nur halb so großen Anteil an der Beschäftigung oder der Wertschöpfung haben. Vgl. Greenpeace (2021): Greening the Eurosystem Collateral Framework [https://www.greenpeace.de/sites/www.greenpeace.de/files/zusammenfassung_ezb_studie_s03431.pdf].